米騒動100年

One Hundred Years After Rice Riots

北日本新聞社編集局編

本書の構成

本書は、米騒動に異なる観点でアプローチした三つの稿から成る。

「米騒動100年　ひるまずたおやかに」は、北日本新聞が2018年1月1日から1面に連載したキャンペーンだ。歴史をひもとくのではなく、米騒動を多角的な切り口でとらえ、現代の社会問題といかにつながっているかを考えた。

「米騒動再見　発生から100年」は専門家による連載であり、米騒動を学術的に考察するための柱として収録した。滑川市立博物館の企画展「米騒動100年　滑川から全国へ」に合わせ、担当学芸員と展示協力した日本近現代史研究者が本紙文化面に寄稿し、米騒動が社会や文化に与えた影響について新たな視点が提示された。

「女一揆　魂を揺さぶられた越中の男たち」は、6月に富山県民共生センターで開かれたフォーラムの内容を採録した。ジャーナリストや学芸員がそれぞれの視点から米騒動の意義を論じている。

なお、巻末には付録として、当時の新聞が騒動をどのように報じたかを紹介する「米騒動とメディア～大正の新聞紙面から」を収録した。

北日本新聞社編集局

米騒動１００年　目次

米騒動100年　ひるまずたおやかに

北日本新聞社編集局

「北日本新聞」2018年1月1日～6月21日　全51回連載

第1章 いまに息づく

奇跡の米倉（上）――よみがえった〝生き証人〟

その倉の前に立つと、潮風が抜け、ほんのり磯の香りがした。２０１７年12月下旬、魚津市本町に残る１９１４（大正３）年築の「旧十二銀行米倉」を訪れた。正面は旧北陸街道、裏手は富山湾に面する倉は、１００年前の夏、米騒動を目撃した〝生き証人〟だ。

米価暴騰に耐えかねた漁師の妻たちが、この倉から汽船へ米を積み出す作業員たちに中止を迫った。騒動は野火のように日本中に広がった。教科書で読んだ日本史の大事件がうそのように、辺りは静かな空気が漂う。

石組みの土台に、白しっくいと黒板張りの重厚なたたずまいを眺めていると、魚津市教育委員会の髙山茂樹さん（61）が自転車に乗って現れた。２００９年に行われた大規模改修の担当者は、倉を案内しながら語り始めた。「この米倉は『米騒動発祥の地』の記念碑的存在なんです」

今でこそ案内標識や見学者用の解説板が立っているが、米騒動ゆかりの米倉であることは、市民の間でも忘れ去られていた。長い間のうちに所有者が変わり、50年以上前から地元の水産会社の漁具倉庫になっていた。老朽化で外壁は剥がれ落ち、一部に鉄板を張るなど改造が重ねられ、往時の姿は見る影もなくなっていた。

転機は思いがけず訪れた。建て増しされた倉庫の一部が06年に突風で壊れ、雨ざらしになった米倉本体の傷みが進んだ。石積みの外壁や屋根は崩れる危険もあり、市は大規模改修に踏み切った。

修繕には所有者や業者、専門家ら多方面との交渉が必要になる。調整役に任命されたのが、髙山さんだった。

28年間、魚津水族館で海洋生物の飼育に携わってきた〝海の男〟。全く畑違いの仕事だったが、「汽船に米を積み込む大正時代の写真に、竜宮城のような形をした完成間もない旧水族館を見つけた。運命のような、近しいものを感じた」。初めは単に「仕事」としか思っていなかったが、次第に「俺が米倉をよみがえらせる」との思いが芽生えたという。

所有する水産会社から了承を得て着工の手はずを整えたが、修繕は思った以上に難しいものだった。米倉は文化財

改修前は鉄板で覆われていた米倉の正面で、資料を手に解説する髙山さん＝魚津市本町

ではないものの、文化財の保全を基本理念に、分かる範囲で建設時の状況に戻す方針とした。ただ、当時の写真も残っていなければ、覚えている人もいない。職藝学院（富山市）の専門家に協力を依頼し、残っている部材を可能な限り活用することになった。作業には大きな労力と高い技術が求められ「施工業者の理解と協力なしには到底できなかった」と振り返る。

潮風を受けて損傷が大きかった南側の壁面は、表面のモルタルが剥がれて内部の石積みがむき出しになっていた。風化してもろくなった石は交換して積み直した。モルタルは後に塗られた可能性が高いため、県内の古い土蔵を参考に板張りとしっくいを施した。正面に当たる東側の壁は、鉄板で覆われていた。戦後、風雨を防ぐために張られたもので、取り払うと旧十二銀行の行章が姿を現した。

大屋根は所々、波打つようにたわんでいた。瓦の下に防火対策のため厚さ4センチのモルタルが塗ってあり、長年の重みで柱と柱の間の屋根が沈み込んだためだった。「真っすぐに直した方がいい」という意見はあったものの、「建物の構造によるもの」として、あえて波打ったまま残した。09年10月から始まった工事は、翌年3月に終えた。

修繕の後も、長く米倉に関わる仕事を担当。17年3月に定年退職してからも再任用で、米倉見学の窓口やガイドを担っている。「後任にいつでも引き継げるように」と、米騒動の歴史や米倉の構造をまとめた見学者向けの解説書も作成中だ。「100年の節目を機に、町おこしの起爆剤になればいい」。穏やかに笑う横顔は、かつての海の男から、すっかり〝米倉の男〟になっていた。

◇

1918（大正7）年、富山の小さな漁師町に端を発した米騒動は、明治以来の藩閥政治を崩し、初めての政党内閣を誕生させた。民衆の声が国を動かし、民主主義への一歩を刻んだ出来事から今年2018年で100年。その意義をあらためて考え、現代のとやまに受け継がれる民衆の力を見つめるため、まず米騒動の跡が残る魚津のまちを歩いた。

奇跡の米倉（中）――前身の行章見つかる

「あんたが取材に来られる言うから、あらためて米騒動の勉強しとったがよ」。北陸銀行前頭取で富山商工会議所会頭の髙木繁雄さん（69）を訪ねると、鉛筆で何箇所も書き込みした富山県史のコピーを手に出迎えてくれた。「当時のおかかたちは、情報が不足する中、井戸端会議で作戦を立てて行動に移ったわけだから、富山の民度ちゃ高いってことだよねえ」。マンツーマンの〝ゼミ〟は軽妙なトークで繰り広げられ、30分以上に及んだ。

魚津の「米騒動発祥の地」の米倉を所有していた旧十二銀行は、北陸銀行の前身の一つだ。当時の米取引で、銀行は代金のやり取りに加え、商人が買い付けた米を預かる倉庫業も担っていた。そうした背景もあり、２００９年の大規模改修の際、頭取だった髙木さんは、当時の魚津市長、澤崎義敬さん(70)から修繕費協力の依頼を受けた。経営環境は厳しかったが、グループ会社へ協力を頼むなどして工面した。「自分の古い本家が直されると聞けば、少しでも協力しなきゃと思う。そんな心境だった」と振り返る。

修繕の途中、倉の東面を覆っていた鉄板を外すと、一辺40センチのひし形模様が姿を現した。県内で唯一残る十二銀行の行章だった。澤崎さんから行章が見つかったことを聞き、髙木さんは現場に足を運んだ。「この場所に、北陸銀行の前身が確かに存在したんだ」。何かこみ上げてくるものがあったという。

県内の近現代史研究の第一人者だった故高井進さんが高校の恩師だった影響で、日本史に興

金融歴史資料館で、石川県内の旧十二銀行支店に掲げられていた行章を手にする髙木さん。左は米倉の写真パネル＝北陸銀行本店ロビー

味を持った。モットーは「愚者は経験に学び、賢者は歴史に学ぶ」。歴史上の出来事の意味や背景を自分なりに考えるのが好きという。米騒動については「当時は『苛政《かせい》は虎よりも猛《たけ》し（悪政は人を食い殺す虎よりも恐ろしい）』というひどい状況で、今と比較にならない貧富の差があったのだろう」とおもんぱかる。

温故知新の精神は、仕事にも生かしてきた。「銀行のルーツをきちんと理解しておくことはビジネスでも大切で、将来のビジョン形成にも役立つ」。そんな思いから、北陸銀行本店ロビーに06年、「金融歴史資料館」を開設。明治期からの北陸の金融経済史を銀行の歩みとともに紹介した。昔の店頭風景や実際に使われた業務用備品など当時をうかがわせる展示は、まちなかの産業観光スポットとしても評判を呼ぶ。その後のリニューアルで、米騒動の舞台となった十二銀行米倉の写真パネルも展示した。

経営トップの思いは、行員にも通じた。米倉の修繕が終わると、地元の魚津支店では、新たに就任した支店長が自発的に現地を見に訪れるようになった。

「歴史から学ぶ時、何かが残っていることは大きな意味を持つ。米倉を見て、人は現実と照らして何かを思うのではないか」と髙木さん。米騒動ゆかりの建造物は県内にほとんど残っておらず、「100年を経た今も倉が現存しているのは奇跡に近い。地元の人たちの協力で修繕が実現し、残していただけることは大変ありがたい」と感謝する。

再び日の目を見た行章に、大きな影響を受けた人が、もう一人いた。「まさにここが、騒動の現場だったんだ」。米倉を現在所有する魚津水産社長、油本憲太郎さん（65）だ。

奇跡の米倉（下）――立ち消えた解体計画

２０１０年1月、米倉の修繕中に旧十二銀行（現北陸銀行）の行章が見つかった。倉を所有する定置網漁業会社・魚津水産（魚津市本町）の社長、油本憲太郎さんは、軽い興奮を覚えた。「確固たる証拠が出てきた」。それまで、会社が米騒動の現場と聞いてはいたものの、確証はなく漠然とした印象だった。

倉と隣接する事務所は一時期、ストッキング製造販売のオーアイ工業（同市本江）が所有していたが、１９５2年に移転。この年、複数の漁業生産組合が合併してできた魚津水産が購入した。裏に浜が広がり、網の修繕など作業をするにも都合がよかった。倉は漁具倉庫、事務所は社屋として使うようになった。

油本さんは同じ年、会社の近所で生まれた。倉の周りは遊び場だったが、米騒動の話はほとんど聞かなかった。

２０１７年11月下旬、油本さんに倉を案内してもらった。薄暗い室内は、かつての米俵に代わり、網やブイが並んでいた。火に強い凝灰岩を積み上げた壁は、米俵を傷つけないよう、すのこで覆われている。七つある部屋の間仕切りは、通気性のある板張り。大切な米を保管するための、さまざまな工夫が施されていた。

銀行業務が行われていた事務所は、アーチ型の扉の洋風建築で、剥がれた壁や無数の傷が刻まれた木の窓枠が年月を感じさせた。「魚は取れたり、取れなかったり不安定で、建て直すお金がなかったから」。冗談めかして語るが、過去には解体の話が出た時期があった。

１９８０年に社内で倉庫と事務所の建て替え計画が持ち上がった。しかし翌年の冬、同社のブリ定置網漁船が遭難。船員６人が亡くなる惨事に見舞われ、計画は立ち消えた。油本さんは、その翌年に入社。「84年の『五九豪雪』で古い建物が壊れないよう、社員総出で雪下ろしをしたのが思

倉の中を案内する油本さん。かつての米俵に代わり漁具を保管している＝魚津市本町

い出深い」と振り返る。

生き残った倉はその後、米騒動ゆかりの場所として徐々に知られるようになる。88年、倉の裏に「米騒動発祥の地」の標柱が建てられた。90年には、大正時代の魚津が舞台のＮＨＫ連続テレビ小説「凜凜と《りんりん》」で事務所がロケ地となり、「あそこは、米騒動の現場でもあるらしい」と話題に上るようになった。

次第に倉を見に来る人が増え、無断で敷地に入り込む人まで出てきた。「業務の支障になる」として、見学は原則断った。正直、迷惑な思いも拭えなかった。そんな気持ちを変えたのが、倉の修繕と行章の発見だった。


「お前の会社の倉、見せてほしいのやけど」。当時、北陸銀行魚津支店に勤めていた同級生が、行章の発見を知って電話をかけてきた。「おー、いつでもいいぞ」。そう言うと、支店長と２人で見に訪れた。

「魚津の観光資源はそれほど多くない。倉は目玉の一つになり得る」。そんな自負が次第に芽生え、市教委を通じて予約制で見学を受け入れるようになった。「倉を立派に直してもらい、何か協力したい」という思いもあった。

修繕の後、市が倉を購入する話が出たが、費用面などで実現していない。油本さんは「１００

年を機に米騒動は再び注目される」と期待。発祥の地をよりよい形で管理、発信していくため、「いずれ行政に委ねられれば」とも考えている。

１本の標柱――木から石へ　願い実現

高さ１・５メートルほどの御影石の柱に「米騒動発祥の地」と刻まれていた。魚津市本町にある「旧十二銀行米倉」。１９１８年７月、漁師の妻たちが米の船積みを阻止したこの場所に、最初の標柱が建ったのは、70年後の88年。木製の柱に墨書きしたものだった。

民主主義の原点ともいえる魚津の米騒動を顕彰しよう――。市在住の詩人、故高島順吾さんら有志が「魚津市の自然と文化財を守る市民の会」をつくり、資金を募った。「石じゃなくて木にしたのはわざとなんです」。現在の会長で元魚津市議の中田尚さん（72）＝魚津市上口＝が、当時のいきさ

御影石製になった標柱を見る中田さん。背後は旧十二銀行米倉＝魚津市本町

つを教えてくれた。

やるからには、市民を挙げて顕彰の機運を醸成したい。そのためには、市に建ててもらうのが一番だ。中田さんら市民の会メンバーは繰り返し要望した。しかし､市は動かなかった。「行政のトップや周辺で、米騒動は『恥ずかしいこと』だった」

木の柱は、いつか朽ちる。その時、もっと多くの市民が騒動を誇りに思い、建て替えの声が上がることを願った。「墨が消え、柱が腐っても、誰も何も言わなければ、運動は終わりにしよう」。本気半分、冗談半分で話し合った結果だったが、10年後に願いは現実となる。文字の薄れた標柱を見た地元住民らが市に要望した。「誰が建てたのか。市で直してもらえんか」。98年7月、市教育委員会と市民の会の連名で石の標柱に生まれ変わった。

中田さんは入善町生まれ。「米騒動は教科書で知ってはいたけど、『だからどうだってんだ』ぐらいにしか思ってなかった」。転機は20代後半。共産党から魚津市議選に立候補することになった際、知人から「地元の歴史を勉強してほしい」と、故板沢金次郎さんを紹介された。旧制中学の頃、米倉前で起きた一部始終を目撃した生き証人だった。現場の様子、当時の漁師町の人々の暮らしぶり…。たびたび訪ねてきては、米騒動について見聞きし、知り得たこと全てを語ってくれた。

魚津市史に「漁師の主婦は経済的知識に乏しく、移出米をするから米価が暴騰すると単純に思い込んだ」というくだりがあった。板沢さんは「彼女らの井戸端会議は政治、経済、文化まで幅広く、ロシア革命が話題になることもあった」と反論。中田さんは「無知で貧しい人々が起こした騒ぎという低い評価を変えたかったのだろう」と推し量る。

標柱の場所を米倉前にしたのも、板沢証言がよりどころだった。魚津歴史民俗博物館長の麻柄一志さん(62)は「米倉が騒動の舞台だったことは、ほとんど忘れられていた。市民の会が標柱建設に動き始めたことで、少しずつ知られるようになった」と話す。

米倉の歴史的価値が認められるにつれ、保存や文化財指定を求める声も強まり、2009年の大規模改修につながった。「標柱が建つ前だったら、たとえ突風で壊れても修繕は実現しなかったかも」と中田さん。顕彰の意識は次第に広まっていた。

生き証人の記憶を継いだ中田さんは、12年に議員を退くまで、米騒動について市に質問や要望を重ねた。引退後は、米騒動を巡る自説を論文で発表している。「『こいつにたたき込んで良かった』と、今は板沢さんに思ってもらえるんじゃないかな」と笑う。

09年10月、中田さんらの調査をきっかけに、魚津の米騒動の再評価につながる史料が発見された。

明治の条例――生活保護の先駆け

「これはすごい」。魚津歴史民俗博物館長の麻柄一志さんは、市図書館長だった２００９年、虫食いだらけの変色した議決書に目を通し、「米騒動の見方がころっと変わった」と話す。

この年の10月、市役所２階の書庫で、米騒動ゆかりの史料が発見された。明治時代に旧魚津町が制定した貧民救助規定と貧民救助方法の議決書だ。「明治の貧民救助制度が、魚津では米騒動の本質と関わっている」。そう訴える中田尚さん（72）ら当時の市議２人の求めで、議会事務局の職員が過去の公文書のつづりの中から見つけ出した。

貧民救助規定は、生活困窮者の救済について定めた条例だ。市町村制施行で魚津町が誕生した１８８９（明治22）年の第１回町会（現在の町議会）で制定。70歳以上の高齢者や13歳未満の子ども、病気で仕事ができない人らに対し、町が米を給付することを定めた。太平洋戦争後、生活保護法ができるまで続いた。

麻柄さんの専門は考古学で、米騒動は高校の授業で教わった程度。学芸員として「米騒動発祥の地」の標柱建設や博物館での企画展示に携わる中で知識を深めた。ただ、教科書には「大正デモクラシーの象徴」と書かれていたのに、魚津市史ではかなり違う書きぶりとなっていることに、ずっと違和感を持っていた。

1972年に刊行した市史の米騒動の項は、18（大正7）年の事件の詳細に触れていない。その代わり、魚津では明治時代から騒動が繰り返されていたことや、貧民救助制度などの救済対策にページを割いていた。「なぜこんな書き方になっているんだろう」。中田さんらの訴えもいまひとつピンとこなかった。

市史に断片しか出ていなかった救助規定や救助方法の全文を読んで、ようやく理解した。「魚津の米騒動は暴動じゃなく、貧民救助制度の発動を求めたデモンストレーションだった」。市史の記述は、こうした魚津の騒動の特殊性を端的に表していた。

明治の頃から、人々は米価高騰のたびに米の移出阻止や安売りを米屋や役場に嘆願し、行政も騒ぎが起きるとすぐ救済に動いた。貧民救助方法は1890年、不作による米騒動の発生を受け、貧民救助規定の救済範囲を広げて実施されたものだった。1918年の米騒動でも「臨時貧民救助規定」を定め、貧しい人に米の支給や安売りを行った。このため全国では放火や打ち壊しが起きて軍が鎮圧した所もあったが、魚

貧民救助規定が見つかった書庫で、実物を手にする麻柄さん＝魚津市役所

津は大きな暴動がないまま沈静化した。

魚津に限らず、県内の他の市町村も騒動が起きるたび、行政は救済策を講じた。麻柄さんは「魚津の特徴は条例という形で制度をいち早く明文化していたこと」と指摘。調べると当時、国に生活保護制度はなく、同じような条例を作っていたのは大阪市など数カ所と、全国的にも先駆的なものだと分かった。「明治時代は強力な中央集権のもと地方に自治などないイメージだったが、目からうろこだ」

さらに、魚津では騒動が起きると、米穀商ら有力者が救済の米を出し合っていた。寄付文化がある欧米のように、富者が社会福祉のために財を投じる習慣があったことも驚きだった。

米騒動１００年のことし、館長を務める魚津歴史民俗博物館で特別展を企画する。「全国に誇るべき制度が明治の魚津にあったことを、多くの市民に知ってほしい」との願いを込め、貧民救助制度も紹介するつもりだ。

地方史研究家——語られぬ歴史に光

電話帳ほどの厚みはあるだろうか。魚津市本江の地方史研究家、紙谷信雄さん（83）が自宅で3冊のファイルを見せてくれた。1918（大正7）年の米騒動に参加した「おばば」や、目撃した人たちから聞き書きしたメモや関連資料をつづったものだ。

やや色あせた紙の束は、一人一人の名前を書いたインデックスシールで整理されている。ページをめくると、手書きの細かな文字がびっしり並んでいた。どれだけ足をかけ、どれだけの人に話を聞いたのだろう。そう尋ねると、「そんなたくさんないちゃ。数えたことないけど」と謙遜した答えが返ってきた。「でも、これはもう取れんですよ。みんな亡くなって」

紙谷さんは元高校教諭で、地元の米騒動研究の第一人者。数年前まで魚津歴史同好会長を務め、市教委が発行した米騒動関連のパンフレットや副読本の監修も担った。

きっかけは、魚津高校の新米教諭だった58年、同僚に掛けられた言葉だった。「教科書に載っている魚津の米騒動とは、どんなものだったのか」。答えられなかった。地元に生まれ育ちながら、終戦前後の学校教育では教わった記憶もなかった。

米騒動の体験者や目撃者からの聞き書きをつづったファイルに目を通す紙谷さん＝魚津市本江

休みごとに県立図書館に通い、騒動を報じた当時の新聞を調べることから始めた。まだコピー機はなく、ひたすら手で書き写した。

概要が頭に入ったところで、魚津や滑川、水橋など実際に騒動の起きた地域に足を運び、当時を知る人を捜し歩いた。

調査を快く思う人ばかりではなかった。水橋で「米騒動を見た」という人の家に招き入れられた。肝心の目撃証言はほとんど成果がなく、代わりに懇々と諭された。「高等学校の先生が、米騒動なんか調べていてはだめや。学校の授業に力を入れた方がいい」。左翼主義者、社会運動家と見られかねない、という忠告だった。

米騒動は、戦時体制のもとでは語られることのない歴史だったという。「権力者に盾突く、社会的秩序を乱すことだと考えられていた」と紙谷さん。終戦後も、そうした意識は長く地元に染みついていた。

それでも騒動に加わった女性たちは、取材に口を開いてくれた。「米騒動の頃は、おからを買うのさえ大変だった」「明日はどうして暮らしを立てたらよいか、毎晩泣き明かした」。彼女らの言葉から伝わるのは〝反権力〟ではなく、ただ夫や子どもに米を食べさせたいという必死の思いだった。

研究を通じて、米騒動の歴史的意義について「基本的人権や言論の自由など、戦後の日本に民主主義が浸透する原動力になった」と語る。

100年の節目となることとし、魚津市は「米騒動を次世代に伝え、全国にPRする新たな一歩を踏み出す年」として、シンポジウムなどの記念行事を企画。市内の小学校では、授業のカリキュラムに米騒動を取り入れ、歴史的意義や、暴力的に解決を目指したものではなかった魚津の騒動の特徴を、子どもたちに伝える計画だ。

半世紀以上、米騒動と向き合い続けた地方史研究家は、感慨を込めて語る。「米騒動と言っても誰も変に思わなくなったし、市役所自らが観光の目玉にしようとしている。これほど変わったことはないです」

語り部――慕われた「おやっさん」

米屋を襲う女一揆―。1918（大正7）年の新聞には、暴動を思わせるセンセーショナルな見出しが躍る。90年代の小学校の教科書には、富山県で米屋の打ち壊しがあったと記された時期もあった。

これに異を唱える人がいる。浜多米穀店（魚津市中央通り）5代目の浜多弘之さん（85）だ。

「大げさに伝えられてきたけど、魚津の米騒動は話し合いで済んだがやちゃ」

２００6年に99歳で亡くなった母のきくさんが、強調していたことでもある。米騒動の最後の語り部だった。「事実を正しく伝えたい」と、出版社や新聞、行政などのインタビューに積極的に応じ、証言を残してきた。

浜多米穀店は大正時代、米の取扱量が魚津町の約8割を占めるほど、大きな影響力を持っていた。米騒動から38年後の魚津大火で店は焼失したが、かつては3階建ての堂々たるたたずまいだった。

当時は、町の人口1万5千人のうち4割が貧民とされた。中でも漁師は貧しかった。玄関に戸はなく、わらむしろを下げただけ。狭い部屋にたくさんの子どもたちがひしめき合っていたという。そんな中、米の値段が急上昇し、家族がその日食べる分も買えなくなった漁師の妻たちが立ち上がった。

１００年前の7月、11歳のきくさんが夕飯を食べていると70人ほどの女衆が、店の前に集まってきた。「頼んますちゃ」。浜多さんの祖父で3代目の与兵衛さんに、米の県外移出を止め、自分たちに安く売るよう嘆願する様子を2階から見下ろしていた。

与兵衛さんが「必ずいいようにするから、おらを信じてくれ」と言い聞かせると、「おやっさんがそう言うなら」と帰って行ったという。その後、町内の同業者と相談し、移出米100升につき0・5升を救済のための負担金に充てると決めた。拠出した米は合わせて1250俵に上った。

店は日頃から、貧しい人々を相手に「あるとき払いの催促なし」で米を掛け売りした。浜多さんには、人々に慕われた祖父の印象深い思い出がある。子どものころ、一緒に連れられて銭湯へ行った時のことだ。浴室へ入ったとたん、漁師の荒くれ男5、6人が「おやっさん、体洗わしてくだはれ」と競うように駆け寄ってきた。

少年時代、体が弱かった浜多さんだが、わんぱくな漁師の子たちにいじめられたことは一度もなかった。「信頼が厚かったじいはんのおかげかな」と述懐する。

与兵衛さんは、商売の傍ら魚津町会議員も務めていた。浜多さんも40歳で魚津市議選に出馬。漁師町へあいさつ回りに出向くと「あんちゃんも、与兵衛さんみたいになられや」と、旧知の人たちが手を握ってきたという。

きくさんの写真（右下）がある書斎で「米騒動を語り継ぎたい」と語る浜多さん＝魚津市中央通り

08年、通算9期務めた議員を引退後も、米騒動に大きく関わった家系の一人として、当時のことを正しく伝えたいとの気概を持ち続ける。

ドアを開け放した店には、朝から晩まで雑談目当ての近隣住民が訪れる。「はーい、上がれよ」と本に囲まれた書斎へ通し、米騒動について話を求められると快く応じる。高校生たちが教えを受けに来たこともあった。〝米騒動塾〟でにこやかに資料を広げる浜多さんは、母を継ぐ語り部の顔になっていた。

ふるさと教育――受け継がれる郷土愛

納豆ご飯を口にする赤ちゃんが、スクリーンに映し出された。「先生の子、今1歳6カ月で、ご飯が大好物なんだよ」。米騒動の現場に近い魚津市大町小学校で、２０１7年10月30日に行われた6年生の社会科の授業。愛息を18人の教え子に披露した石原芳隆教諭（34）の顔に、照れ笑いが浮かんだ。

この日のテーマは「魚津で起こった米騒動について調べよう」。授業の冒頭、子どもたちの関心をつかもうと、〝米〟つながりで息子を登場させた。

レジュメは、魚津市教委が発刊した歴史読本を基に、石原教諭がイラストなどを織り交ぜて児童向けに作ったオリジナル。「家族に食べさせる米も買えない。そんな〝やばい〟状況におかみさんたちは、我慢できなかったんだろうね」。想像をかき立てるように授業はテンポ良く進む。

最後に、児童たちが「魚津から全国に広がったのはすごい」「偉い人だけでなく、みんなの意見に耳を傾けるきっかけになった意義のある騒動」と、思い思いの感想を発表し合った。石原教諭は「未来を担う皆さんが、この出来事を次の世代に伝えていってほしい」と締めくくった。

大町小は、市内の小学校で最も歴史が古い。魚津城跡に建ち、米騒動の舞台となった米倉まで歩いて5分足らずと、近くに史跡も多い。こうした立地を生かし、郷土愛を育もうと、約10年前から独自のふるさと教育に力を入れている。

その一環として、学年の垣根を超えた「縦割り遠足」で米倉を訪れ、6年生が騒動のいきさつを下級生に説明する。100年の節目を前に、昨年は運動会で「米騒動」と銘打った競技を初めて実施。タイヤを米俵に見立てて奪い合うも

和気あいあいとした雰囲気で行われた米騒動の授業＝魚津市大町小学校

ので、大盛り上がりだったという。

ふるさと教育を支えるのは地元の住民たちだ。縦割り遠足では、菓子店や鮮魚店で仕事体験をしたり、銭湯で入浴体験をしたりする。八倉巻清彦校長（57）は「〝地域の宝〟である子どもたちを住民全体で育てようとする思いが根付いており、とても心強い」と実感を込める。夕方、外で遊んでいる子に近所の人たちが「もう暗いから、早く帰られえ」と声掛けする光景も日常の一こまだ。

米騒動をはじめとした歴史を学ぶことで、子どもたちにも地域への愛着が育まれている。海岸清掃のボランティアに、自ら進んで参加する児童も多いという。

現在使っている社会科の教科書に、「米騒動」の文字や富山県が発祥であるという記述は一切ない。「学校のすぐそばで起きた出来事が、民主主義の発端になったことを児童たちにきちんと理解させたい」。そんな思いもふるさと教育の原動力となっている。

八倉巻校長は「今の若者は困難に直面すると、避けて通る道を考える傾向がある。時には結束して声を上げることも大切」と指摘。米騒動は、困難を解決するヒントを教えてくれるという。

大町小は児童数の減少を受け、18年3月末で１４４年の歴史に幕を閉じる。4月からは市内の3校と統合して「よつば小」となる。「ふるさと教育で育まれた米騒動への理解や郷土愛は、しっかり受け継がれていくはず」と八倉巻校長。「進学などでいったん地元を離れることがあっても、またサケのようにここへ戻ってきてほしい」と願っている。

商品開発――「母ちゃんの怒り味」好評

大口を開けて怒り狂うパンチパーマのおばちゃんを描いたパッケージが、何とも鮮烈だ。新川高校（魚津市吉島）コミュニティビジネス部は2017年、若者の発想で市の新たな名物を作ろうと、魚津産の米粉を使ったラーメンを開発した。商品名は「魚津の米騒動つけめん　母ちゃんの怒り味」。ネーミングもインパクトがある。

開発は4月にスタート。テーマは観光PRにつながる商品とし、まずは魚津の観光に欠けているものについて、意見をぶつけ合った。「蜃気楼に埋没林、たてもん。食べられない観光資源ばかり」。食品を作ろうと意見が一致し、みんなが好きで日持ち

「米騒動つけめん」の営業先について話し合う生徒と濱元教頭＝新川高校

する即席ラーメンに決まった。

商品名は「埋没林ラーメン」「しんきろうラーメン」などの候補が挙がったが、どれもピンとこない。そんな中、１００年前に地元で起きた事件に着目。材料の米粉も連想させる、うってつけのネーミングだった。

部長の渡邉健斗さん（2年）は「節目という話題性があり、商品を通じて米騒動について観光客に知ってもらう絶好の機会。自分たちも地域のことを学ぶことができ、得るものが多かった」と目を輝かせる。

コミュニティビジネス部は現在、部員が14人。毎年、生徒自ら商品の開発、販売に取り組んでいる。実践的にビジネスを学び、起業する力やコミュニケーション能力を養うのが活動目標だ。売り上げは部の資金となる。

顧問の濱元克吉教頭（42）は、米騒動に思い入れがある。実家は現場となった米倉からわずか50メートルの場所で、明治生まれの曽祖母は、騒動を目撃したという。小中学校の社会科で勉強し、知れば知るほど興味が湧いた。「町民が結束して歴史を動かした画期的な出来事。貧しい中にも、荒波と闘ってきた漁師たちのたくましさや家族愛が、背景にあったのではないか」

日頃から生徒たちには、こうした地域の魅力を知ってほしいと考えてきただけに、今回の発案はうれしかった。

実際の商品化は、石川製麺（同市大海寺野）に協力を依頼。同社は地産地消の一環でJAうおづと魚津産米粉を使った商品開発を進めており、思いが一致した。

打ち合わせや試食を重ねる中で、米粉麺は伸びやすいことが分かり、つけ麺とした。スープは米騒動と関わりが深い漁師から連想し、魚介しょうゆ味。〝怒り味〟らしく七味も添えた。ゆで方などおいしく食べるためのこつを記した手書きのレシピも添えた。

10月14、15日に開かれた産業フェア「○○《まるまる》魚津」に出店したところ、予想を超える売れ行きで、用意した500箱は完売。開発費を全て回収した。必死で売り込む部員の熱意と、ユーモラスなパッケージが来る人の目に留まった。幸先よいスタートは、大きな自信となった。

2学期の終業式があった12月22日、これから商品を売り込む営業先について部員たちが作戦会議を開いていた。水族館、埋没林博物館…。大きな白い紙を囲み、思いついた場所を自由に書き連ねていく。販売目標は2千箱だ。

「米騒動つけめん」に、濱元教頭は手応えを感じている。ビジネスを学ぶだけではなく、地産地消や観光PR、生徒自身が古里を知るきっかけにもなった。「地域の資源に光を当てた活動は、子どもたちにとって良い経験になった。誇りとして記憶に刻んでもらいたい」

映画化――高校生が実像に迫る

「うわー、すごい」。米騒動の舞台となった旧十二銀行米倉（魚津市本町）のあまりの古さに、声を上げる女子高生たち。所有する魚津水産の油本憲太郎社長が「米はかつて、お金のように扱われていたんですよ」と説明すると、真剣なまなざしを向けた。米騒動にまつわるドキュメンタリー映画「百年の蔵」のロケの一こまだ。高校生が調査隊員として関係者やゆかりの地を訪ね歩く姿を、カメラが追う。

「地元の人たちは、若い子の質問は何でも優しく答えてくれます」。監督の神央《じんあきら》さん（43）＝東京都＝は笑う。「若者の純粋な感性で騒動の実像に触れてほしい」との思いから、高校生を起用した。ポスターを作って公募し、魚津工業、桜井、新川の3校から男女8人がキャストとして参加した。

映画化を発案したのは、NPO法人「米蔵の会」理事長の慶野達二さん（73）。「100年の節目に、映像

映画のロケ地などについて打ち合わせする神さん（右）と慶野さん＝魚津市北鬼江

という親しみやすいツールで真実を伝えたい」と思い立った。

倉の近くで生まれ育ったが、幼い頃から米騒動の「こ」の字も聞かされなかった。「なぜ誰も説明してくれないのだろう」。疑問を抱き、勉強を始めた。見えてきたのは、魚津で起きたのは「暴動」ではなく、女性たちが家族の暮らしを守るために起こした嘆願に近いものだということだ。

２００５年に数人の有志で会を結成。研究者らを招いたフォーラムを約20回開き、13年には講演内容を書籍化した。現代の民主主義につながる出来事が風化しないよう、それまでの研究や出版の成果を生かし、市民の力で映画を製作することにした。

神さんはディレクターとして、歴史や民俗をテーマにしたＮＨＫ番組などを多く手掛けてきた。魚津に住む親友が慶野さんの知人という縁で、映画の話が舞い込んだ。

メガホンを取るに当たって、騒動について自分なりに調べた。「暴力に頼ることなく、自分たちの要求を実現した誇るべき成功事例。女性たちは、助け合いの心から自然に立ち上がったのだろう」

県内に滞在中、いまに息づく助け合い精神を垣間見る出来事があった。運転する車のバッテリーが上がって立ち往生していると、次々に人が集まって助けてくれたのだ。「東京では、まずあり得ないこと」と実感を込める。

最近は、社会に不満があっても波風を立てないよう声を上げない傾向がある、と感じている。「1人じゃ無理でも、結束すれば立ち上がれることを、米騒動は教えてくれる」。映画には、そんなメッセージも込める。

15年から始まった撮影は、大詰めを迎えている。桜井高校2年で幼なじみの川原田まつりさんと藤井湯津香さんは、好きな映画を通じて米騒動への理解を深めようと、出演を決めた。「初めての場所でいろんな人の生の声を聞き、貴重な体験だった」。教科書を通して恐ろしい印象を抱いていたが、実際は話し合いで済んだことを知って驚いたという。「少し恥ずかしいけど、友達にも見てほしい」

7月の完成まで半年。真っさらな視点で１００年越しに浮かび上がる「おかか」たちの姿は、見る人たちの心に問い掛けるだろう。「米騒動のこと、ちゃんと知っていますか?」

第1章　いまに息づく

第2章　揺らぐ民主主義

選挙権獲得――滑川で苦難の運動

もっと早く普通選挙が行われ、国民の本当の代表者が衆院議員になっていれば、米騒動は起きなかった――。

こんな主張が記された古い冊子が、滑川市立博物館にある。「滑川普通選挙期成同盟会宣言書」。同盟会は、成年男子に等しく選挙権を認める普通選挙の実現を求めた当時の滑川町民が結成した団体で、変色した宣言書には、設立の趣旨や背景がびっしりと記されている。その中に、米騒動に触れた一節があった。

同盟会ができたのは１９１８（大正７）年10月6日。滑川や魚津などで米価暴騰に耐えかねた漁村の女性たちが立ち上がってから、わずか2カ月後の出来事だ。米の移出阻止や安売りを求めた民衆蜂起と、普通選挙の実現を求める運動（普選運動）は、どう関係しているのだろうか。

「米騒動を機に普選運動は大衆的な盛り上がりを見せます」。富山近代史研究会長の竹島慎二さん（67）＝富山市犬島新町＝が教えてくれた。

当時、選挙権は直接国税10円以上を納める25歳以上の男性にしか与えられておらず、その数は国民の2％程度にすぎなかった。普選運動は、明治時代から全国で始まっていたが、担い手は一部の知識層や富裕層にとどまっていた。

それが米騒動が全国へ広がったことで、薩長藩閥が権力を握る政治への不満が噴出した。「国民がお上《かみ》への従属意識に疑問を持ち、政治に自らの意思を反映させる仕組みを求めた」と竹島さん。選挙権獲得を目指す動きはうねりとなり、25（同14）年の普通選挙法制定につながった。

県内では滑川で特に運動が盛んで、米騒動

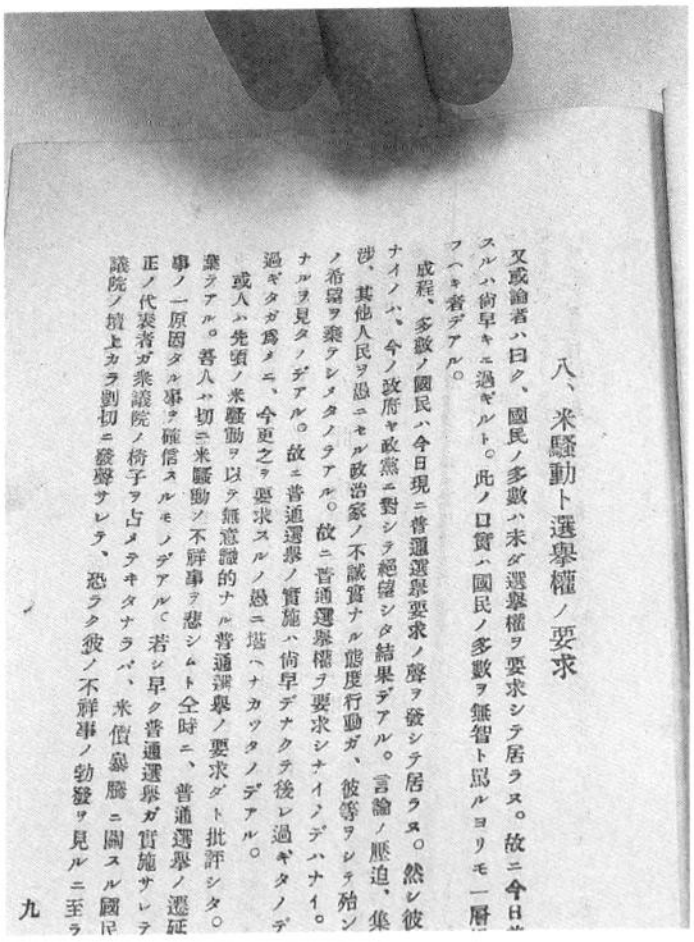
八、米騷動ト選擧權ノ要求

又或論者ハ曰ク、國民ノ多數ハ未ダ選擧權ヲ要求シテ居ラヌ。故ニ今日
スルハ尙早キニ過ギルト。此ノ口實ハ國民ノ多數ヲ無智ト罵ルヨリモ一層
フヘキ者デアル。

成程、多數ノ國民ハ今日現ニ普通選擧要求ノ聲ヲ發シテ居ラヌ。然シ彼
ナイノハ、今ノ政府ヤ政黨ニ對シテ絶望シタ結果デアル。言論ノ壓迫、集
渉、其他人民ヲ愚ニセル政治家ノ不誠實ナル態度行動ガ、彼等ヲシテ殆ン
ノ希望ヲ棄テシメタノデアル。故ニ普通選擧權ヲ要求シナイノデハナイ。
ナルヲ見タノデアル。故ニ普通選擧ノ實施ハ尙早デナクテ後レ過ギタノデ
過ギタガ爲メニ、今更之ヲ要求スルノ愚ニ堪ヘナカッタノデアル。

或人ハ先頃ノ米騷動ヲ以テ無意識的ナル普通選擧ノ要求ダト批評シタ。
葉デアル。吾人ハ切ニ米騷動ノ不祥事ヲ悲シムト仝時ニ、普通選擧ノ遲延
事ノ一原因タル事ヲ確信スルモノデアル。若シ早ク普通選擧ガ實施サレテ
正ノ代表者ガ衆議院ノ椅子ヲ占メテキタナラバ、米價暴騰ニ關スル國民
議院ノ壇上カラ剴切ニ發聲サレテ、恐ラク彼ノ不祥事ノ勃發ヲ見ルニ至ラ

九

滑川市立博物館が所蔵する同盟会の宣言書

米騒動と普選運動の関わりについて説明する竹島さん＝富山市犬島新町の自宅

後としては、全国でも早くに同盟会が設立されたという。発起人の平井太吉郎らはいずれも30代。若手が活動をリードしていた。

苦難もあった。同盟会結成以前から社会運動に身を投じていた平井らは当時、警察の監視下に置かれていた。滑川市史は、同盟会発会式の日、会場となった旅館「島屋」の前で警官が張り番をしていたことを伝えている。宣言書を事前に届け出ることなく配布したとして、後に平井らは起訴され、罰金刑を受けた。

同盟会が県内の普選運動にどれほどの影響を及ぼしたのかなど、判然としない部分は多いという。ただ、竹島さんは「日本海側の小さな漁村で、政府への不満や疑問を抱く人々が立ち上がり、組織をつくり上げた事実は評価されるべきです」と力を込めた。

25年に選挙権を得たのは25歳以上の男性のみで、20歳以上の男女に認められるのは、45（昭和20）年のことだ。

米騒動と普選運動の関わりについて語り終え、話題が現代の選挙のことに移ると、竹島さんの表情が曇った。知事選35・34％、衆院選54％…。最近、県内で行われた選挙の投票率が浮かんだからだ。

「選挙権は先人が苦労を積み重ね、長い年月を経て勝ち取ったもの。今はあって当たり前、水や空気と同じだと思われているんでしょうか」

◇

政治に自らの意思を反映させるため、かつて人々は選挙権を求め、米騒動が運動を盛り上げた。しかし現代、その権利を放棄する人が増え、投票率は低迷。政治を志す人が減って無投票で終わる選挙も珍しくない。揺らぐ民主主義の現場を見つめた。

棄権は危険――１票に一筋の希望

超大型の台風21号が接近し、雨が降り始めていた。突然の解散に伴う衆院選の投票が行われた２０１７年10月22日午前。魚津市大町幼稚園を訪れると、人の出入りはぽつぽつとまばらだった。米騒動の舞台となった旧十二銀行米倉に最も近い投票所だ。

「昔に比べて、だんだん閑散としてきた気がするね」。15年前から投票の立会人を務める広野剛一さん（75）は漏らした。選挙権年齢が「18歳以上」に引き下げられて初めての衆院選だったが、「若い人はほとんど見なかった」。そもそも地元から若い人が減っている上、周りの若者を見ていると目先の受験や仕事優先で選挙は後回し。「若い人にもなんとか政治に関心を持ってもらわんと」。声に危機感がにじんだ。

「投票は民主主義の基本で平等に保障された権利。棄権なんてもったいない」。同じ投票区内に住む柏原洋一さん（67）＝仮名＝は、国政選、地方選を問わず、成人してから一度も投票を欠かしたことがない。

歴史好きで、普通選挙の実現は米騒動が一つのきっかけになったことも知っている。「おかかたちはよく立ち上がった。これは革命やちゃ」。地元から全国に広がり、民主主義を前進させた出来事は誇りだという。

それから１００年。各種選挙の投票率は、低下傾向に歯止めがかからない。「今の時代、生活に不満はあっても米騒動の時ほど切羽詰まっているわけじゃない。でも、投票の権利を放棄し、政治家任せにするのは危険じゃないか」

柏原さんは、浮き沈みのある人生を送ってきた。中学を卒業後、鉄骨製造会社に就職。バブルの頃は給料が跳ね上がり、高級スポーツカーを乗り回した時期もあった。その後の景気低迷で勤め先の受注は徐々に減り、14年前に倒産。今は元同僚が営む建築事務所でアルバイトをして生計を立てる。結婚はしておらず、精神障害のある妹と、無職で30代のめいと3人で暮らす。

仕事はあったりなかったりと不安定で、年収は２００万円を少し超える程度。生活は決して楽ではない。買い物はいつも夕方。総菜が割引となる時間を目がけてスーパーへ行く。

平野でも雪が積もった12月のある日、ポイントアップデーの店内は外と対照的に、熱気を感じるくらいの人出だった。柏原さんは、焼き魚と刺し身、サラダをかごに入れ、短時間で買い物を済ませた。「米騒動の頃を考えると、食べられるだけでもありがたい」と言う。

慣れた手つきでみそ汁を作り、総菜とご飯を並べてめいと2人でテーブルを囲んだ。妹は入院中だ。境遇は苦しいが、柏原さんの表情は穏やかで、食卓の空気もどこか温かい。「どんな状況でも、楽しみを持つことを忘れたくない」。夕食後の銭湯通いがささやかな楽しみだ。

今回の衆院選は、めいを連れて前日に期日前投票を済ませた。「どんな世の中にも旗振り役が必要。米騒動の時もリーダーシップをとるおかかがいたに違いない。今、リーダーを選ぶ手段は選挙なんだ」という柏原さん。47年間、欠かさず1票を投じてきたのは、一筋の希望を持ち続けてきたからだ。「どうせ変わらない」でなく「変えられるんだ」。

なぜ無関心（上）——自分たちの国なのに

台風21号の暴風雨が去り、小雨に変わった２０１７年10月23日の夕方。富山大五福キャンパスの中央図書館2階で、大学公認サークル「時事ネタ勉強会」が、前日に投開票された衆院選の振り返り会を開いていた。

「この中で選挙行った人」――。代表で経済学部4年の畑龍人《はたりゅうじん》さん（25）の問い掛けに、テーブルを囲んだ7人のうち5人が手を挙げた。

「安倍1強」の是非が問われた衆院選は、公示直前の野党の離合集散もあって盛り上がらず、投票率は県全体で54％と戦後2番目に低かった。「7人のうち5人」は、かなりの〝高投票率〟だ。

時事ネタ勉強会は14年に畑さんがつくった。「大学なのに、社会問題について話し合うサークルがなかったんで」。初めは友達と3人で細々と始めたが、いまは学部や学年を超えて約30人がＬＩＮＥグループに入っている。毎回のディベートのテーマは経済、政治、文化、教育など幅広い。この日は、前日の選挙結果を振り返ったほか、各党の公約の違い、何を重視して票を投じたかといったことを議論した。

始まって1時間ほどたったところで、経済学部4年の斎藤翔太さん（23）がつぶやいた。「なんで日本の若者は政治に関心がないんだろう。そこをみんなに聞きたい」

台湾に留学していた16年1月、現地で4年に1度の総統選が行われた。独立志向の強い最大野党、民主進歩党（民進党）が8年ぶりに政権を奪取し、初の女性総統が誕生した歴史的な選挙。特に、中国の強大化に不安を抱く若い世代の民進党支持は熱烈で、友人もフェイスブックで党の公式動画を発信したり、演説会に参加したりと「日本ではあり得ないほど熱かった」。帰国後、周囲の学生の政治への無関心ぶりに、強烈な落差を感じたという。

なんで無関心—。斎藤さんの投げ掛けに、メンバーがそれぞれの考えを述べ合った。「だいたい結果が分かっているから」「みんな安定を求めている。投票を棄権することで、自公政権の存続を肯定してるんじゃない？」

日本で25歳以上の全ての男性に選挙権が認められたのは1925（大正14）年。その7年前に起きた米騒動が、明治時代に始まった普選運動を一気に盛り上げたとされる。「先祖が命懸けで獲得した権利なんだから、もう少し大事にするべきだよね」。畑さんの言葉に、斎藤さんもうなずいた。

勉強会が終わった後、改めて学生たちに、若者の政治への関心度について聞いてみた。「自分は選挙のこと話したい。でも友だちにシラけられちゃう」「興味はあるのに、共有できる人がいなくて消化不良」—。メンバーに共通する、もやもやとした欲求不満が伝わってきた。中には、耳の痛い指摘も。「大人だって関心薄いんじゃないですか。酒の席で『政

時事ネタ勉強会で衆院選の結果を振り返る学生たち＝富山大

治と野球の話はタブー』って聞くし」

そんな中で、人文学部の1年生、中塚順恵《みつえ》さん（19）の「危機感あります」という言葉が重く響いた。「このまま私たち、何も考えなくて、意思表示をしなくていいのかな。自分たちがこれから生きていく国のことなのに」。日本の将来を真面目に考える若者たちが、そこにいた。

なぜ無関心（下）——若者の声 伝えたい

議員バッジを着けた県議が居並ぶ最前列の席に、白いシャツの若者の姿があった。富山大時事ネタ勉強会の衆院選振り返り会から1週間たった２０１７年10月30日。経済学部4年の畑龍人さんは、富山県民会館で開かれた県議会基本条例制定検討会議の公開討論会を傍聴していた。

メモを取りながら各会派代表議員の発言に耳を傾ける。司会者が会場から発言を求めると、真っ先に手を挙げマイクを握った。「富山県の将来を担う若者世代の声を吸い上げる役割は、基本条例の中でどう位置付けられますか」

学生は政治に無関心——。畑さんは、そんなステレオタイプに当てはまらない。聞けば、自民党県連の学生部長という肩書を持つという。ところが、本人は「党員じゃないし、森友・加計《かけ》学園問題みたいな中央の不祥事は『クソ』だなって思うこともある」。矛盾する言動の理由が知りたくて、もう少し詳しく話を聞いた。

出身は大阪。小学生の頃から朝はテレビ禁止で、新聞を読むのが習慣だった。高校卒業の春に起きた東日本大震災と東京電力福島第1原発事故を機に、社会や政治への関心はさらに高まった。

大学2年だった14年、友人に誘われ、田畑裕明自民党衆院議員の事務所で開かれた意見交換会に参加した。しばらくして事務所から声が掛かり、議員インターンシップを体験することになった。

その年の7月、安倍内閣が安全保障関連法案を閣議決定した。従来の憲法解釈を変更し、集団的自衛権の行使を容認するという手法。「こんないい加減なことが通るのか。もっとみんな怒ってもいいやろ」。失望感さえ感じたが、議員の地域活動に同行する中で思い直すことがあった。

ある農村地域の会合で、住民が議員と車座になって自分たちの要望を伝えていた。偉い人と思っていた国会議員と、

県議会基本条例制定検討会議の公開討論会で発言する畑さん＝富山県民会館

農家のおじいちゃんとの距離の近さに驚いた。「外から反対反対と言っても、何も変わらない」と実感し、あえて政治を動かしている自民党の〝中〟に入って学ぶことにした。

17年5月、党県連青年局主催の公募提案型政策コンテストに応募した。自治体の政策立案に若者の声を反映させるため、県や市町村の審議会に若者枠をつくることを提言。最優秀賞に選ばれた。

若者が政治に無関心なのは「どうせ自分たちの声は届かない」と思っているから。ならば、届く仕組みを作ればいい。審議会の条例や運用指針の変更なら自治体レベルで実現可能な取り組みだ。調べると北海道や長野県など他の自治体で先行事例もあった。

提言内容に共感した議員が県議会や南砺市、上市町議会で取り上げてくれた。すぐに実行されると思ったが、現在に至るまで実現した自治体はない。県内で最も政治に近い立場にいる若者という自負があっただけに、声が受け流されたようでショックだった。

政治家になる気は全くなかったが、最近は「自らやるしかないかもしれない」と思い始めた。就職活動は東京のベンチャー企業と県内企業から内定をもらい、悩んだ末に富山に残ることを決めた。「地盤、看板、かばん」を持たない自分が政治の世界に挑戦できるか。不安はある。「いつかは」という志を胸に、この春、社会人として一歩を踏み出す。

遠のく政治――合併や不正で議員減

普通選挙実現を後押しした米騒動から1世紀。政治離れが叫ばれて久しい中、高岡市福岡地域でも近年、選挙への熱が冷めてきているという。足を運んでみた。

雪が舞う1月下旬の午後、高岡市福岡町下蓑のあいの風とやま鉄道福岡駅。金沢行きの電車に乗るため、元福岡町長の石澤義文さん（86）は改札を通り、線路をまたぐ陸橋の階段を上っていた。

手袋をはめた左手で手すりを握り、一段一段を踏みしめていく。15段上がった踊り場で足が止まった。「いつも一服するんです。ここからがきつい」。脇を追い抜いていく利用者を横目に、残り12段を上り切ると、息遣いが少し荒くなっていた。

県商工会連合会長を務め、仕事のため鉄道を頻繁に使う。エレベーター設置など地元の駅のバリアフリー化を進めてほしいといつも思う。だが、切実な声を行政に届けてくれる福岡地域の市議はどんどん少なくなり、２０１７年10月の衆院選と同日に行われた市議選で２人になった。「福岡にもっとおってほしいんだが…」。呼吸を整えてつぶやいた。

福岡町が高岡市と合併したのは05年。石澤さんは町長として、人口が町より十数倍多い市側と協議に当たった。合併特例債を折半してそれぞれの地域で使うこと、住所表記に「福岡町」を残すことなどで合意。「対等な合併ができた」と今も思う。

ただ、福岡地域を地盤にする議員の数は当然ながら減った。町議会の定数は15。合併に伴う05年の市議選は中選挙区制で、福岡地域に割り振られた定数は４だった。大選挙区制に移った09年は５人が当選したが、13年は４人に。任期途中で１人が県議に転出し、15年からは３人になった。

地域内の投票率も下がった。03年の最後の町議選は88・22％。市議選は05年が84・54％、09年が78・63％、13年が72・77％と右肩下がりだ。立候補者数も軌を一にして減り、石澤さんは「町の自主性が失われ、選挙の熱気も薄れてきた」と寂しそうに話す。

あいの風とやま鉄道福岡駅の陸橋の階段を見上げる石澤さん＝高岡市福岡町下蓑

そこに、市議会で相次いだ政務活動費不正問題が追い打ちを掛けた。16年10月、不正を認めた福岡地域の議員が辞職。この元職は再起を図り、市議選に挑んだものの、前回より３００票余り減らして落選した。出馬したのは元職を含め3人で、当選は2人。投票率は69・59％。いずれも合併後の最低を更新した。

白票などの「無効票」は、市全体で2163票と、前回の約2・7倍に上り、政治不信が浮き彫りとなった。

市は17年、福岡駅を含む市内の鉄道駅のバリアフリー化について、国と県に対する重点要望事項に初めて盛り込んだ。福岡町地域自治会連合会が市に陳情を始めてから4年がたっていた。「町時代なら『いの一番』に要望するのに」。石澤さんは地元の声が市に届きにくくなったと感じる。多額の費用が必要で、国の補助を受けるには利用者数が少ない。実現が簡単でないことは分かっているが、声を上げ続けなければならないと思っている。「行政と地元をつなぐのは議員。住民の声を代弁するにはやっぱり数が必要だ」と言う。

県議を6期、町長は合併まで5期務めた。県議会で当局を厳しく追及したこともあれば、町長時代は反対に「町議にぼろくそに言われたこともある」。それでも、議会で丁々発止のやり取りをすることが楽しみだった。「福岡のことを思い、選挙に挑戦し、議会では行政側と戦う。そんな姿勢を持つ若い人が、もっと出てきてもらいたいね」

無投票――18歳も議員も「残念」

「あれ、投票ないんや」。滑川高校3年の坂東秀香《ほのか》さん（18）は、少しがっかりした。夕飯の食卓で、父から滑川市議選が無投票になったと聞いた時のことだ。

２０１７年11月5日に告示された市議選は、定数と同じ15人だけが立候補し、選挙は一日で終わった。

商業科で学ぶ坂東さん。生まれ育った滑川で地元に密着した店を開くのが夢で、まちづくりや地域活性化に以前から関心を持っていた。

市議選前の6月には、市政について知る機会もあった。学校で市議と生徒の座談会が開かれ、生徒会の一員として参加した。

若者に市政への関心を高めてもらおうと、議会側が初めて企画したものだった。生徒7人が市への要望を伝えたり、市議の活動について学んだりした。約1時間の懇談で、坂東さんも市政や市議のことに理解を深め、近寄り難かったイメージが少し和らいだという。

4月に18歳となり、選挙権を得た。選挙は自分の意思を政治に反映させる大切な仕組みだと思う。市議選告示の2週間前に行われた衆院選は自分なりに考え、初めて1票を投じた。生活により身近な市議選では、住民の声に耳を傾けてくれる候補者をしっかり見極めるつもりだった。「(衆院選よりも）力を入れて選びたいと思っていたのに…」

滑川市議選が無投票になったのは、1954年の市制施行以来2度目だ。市の人口は約3万3千人で、当時と大きく変わらない。ただ、行財政改革の流れに沿って、議員定数は24から現在の15まで段階的に減らしてきた。それでも近年、なり手が不足する。2009年も無投票だった。

市自治会連合会長の澤田隆之さん(70)は「会社勤めの人は簡単に兼務できないし、辞めてまで出ようという人はなかなかおらんよ」と語る。富山市へのアクセスが良い地域では、市外からの移住者が増加。市民の土着意識の低下も、なり手不足の一因とみる。「選挙戦で候補者の話をもっと聞きたかった」と言うが、解決に向けた妙案は思い浮かばない。

「複雑な思いです」。市議選告示日の夜、滑川市上梅沢公民館。2期目の当選を決めたにもかかわらず、市議の青山

生徒と市議の座談会に参加する坂東さん（左から2人目）。右列の市議の一番奥は青山さん＝滑川高校

幸生さん（35）は、支援者を前に素直に喜べずにいた。選挙戦になることを強く望んでいたからだ。

元プロボクサーという異色の経歴を持つ青山さん。20代の終わりに地元の滑川に戻り、自分と同世代の20〜30代の市議が一人もいないことに疑問を抱いた。不動産会社を起こして間もなかったが、13年の市議選に立候補。現職10人と新人７人が乱立する定数２超の激戦を勝ち抜いた。

児童施設の充実や通学路の安全、観光振興…。17年の市議選は、1期目の取り組みに対する審判の機会になるはずだった。活動の方向性が正しいのかどうか、今も思い悩むことがある。さらに「無投票だと『議員なんて誰でもなれる』と思われて、バッジの重みすら変わってしまう気がするんです」と漏らす。

滑川では１９１８（大正7）年に米騒動が起きた直後、普通選挙期成同盟会が結成され、熱心な運動が展開された。青山さんはこうした歴史を誇りに思い、議会でも「広く発信すべきだ」と主張したことがある。「選挙の重みが理解されなくなっている。無投票になって、先人に申し訳ない気持ちになります」

模擬選挙――「主役は自分」自覚して

センターまで89日――。片山学園高校（富山市東黒牧・大山）の廊下の壁は、大学入試センター試験までのカウントダウンや、難関大模試のポスターで埋め尽くされていた。選挙権年齢が18歳以上になって初の衆院選を6日後に控えた２０１７年10月16日、３年生のクラスで「未成年模擬選挙」の授業が行われていた。

冒頭20分間は、税制や少子化対策など、各政党の政策を一覧にした選挙公約集に目を通した。受験勉強の疲れだろうか。まぶたは重そうだ。各自が関心を持った「マイ争点」を巡りグループで議論を始めると一転、眠気が吹き飛んだように白熱した。「増税する前に国会議員の数を減らすべきじゃん」「うちらが親になったとき、子育てにお金がかかるのは不安じゃない？」

最後に別教室の模擬投票所へ移動。本物の投票箱や記載台が置かれた本番さながらの雰囲気の中、それぞれが支持政党に１票を投じた。松田亮太朗さん（18）は、「日

2017年10月の衆院選を前に、模擬投票を体験する生徒たち＝片山学園高校

頃なじみが薄い政治に触れられた。実現への具体的手段が見えない政策も多いが、実際の投票にも行きたい」と話した。

選挙権年齢を18歳以上に引き下げる改正公職選挙法は２０１６年6月に施行された。米騒動が一つのきっかけとなり、１９２５年に25歳以上の男性で普通選挙が実現。終戦後の45年に20歳以上の男女に広がった。選挙権拡大はそれ以来、約70年ぶりのことだ。

「せっかく選挙権を得ても、何も知らないと行きづらい」。模擬選挙の仕掛け人、安部裕太朗教諭（30）は力を込める。大まかな流れを知っておくことでイメージがつかめ、投票のハードルが下がるという。地歴公民を担当し、授業でも選挙の仕組みを取り上げる。「棄権する若者が多いようでは、教える意義が薄れる」と考え、自ら学校に模擬投票を提案して実現した。

選挙権年齢引き下げを見越し、２０１５年から2年生を対象に行ってきた。最初は、学校の所在地名にちなんだ架空の〝東黒牧市長選〟をやってみたが、実在しない候補者や政策は実感を欠いた。

16年は、参院選や都知事選、富山県知事選、米大統領選と、大きな選挙のタイミングで実際の選挙公報を使って模擬選挙を行った。回を重ねるごとにグループでの議論は熱を帯びてきた。

今回の衆院選は、初めて全学年で取り組んだ。突然の衆院解散を受けた慌ただしい日程だったが、「政治を身近に感じ、当事者意識も高まってきた」と手応えを感じている。

政治的中立性を意識するあまり、主権者教育に二の足を踏む学校も多い。片山学園高校でも不安視する声はあった。「中立性は確かに必要だが、何もしなくてもいいのか」と安部教諭。主権者教育の普及を進める模擬選挙推進ネットワーク（東京）とやり取りを重ね、ノウハウを習得。授業の進め方や生徒の質問に対する答え方などを教員の間で共有し、不安解消に努めた。

プライベートで米国を訪れた際、現地では幼稚園や小学校から主権者教育が行われていると聞いた。片山学園は中高一貫校であり、新年度の模擬選挙は、中学校も巻き込もうと考えている。「自らの意見を1票に託すことで、自分たちが民主主義の主役だという自覚を持ってほしい」。これからこの国を担う子どもたちに、教育者として伝えたいメッセージだ。

第3章　地域の絆

民生委員（上）――隣人見守り1世紀

米価暴騰による生活難をきっかけに、全国に燃え広がった米騒動が沈静化した１９１８（大正7）年の秋。後に「民生委員の父」と呼ばれる大阪府知事の林市蔵は、理髪店で鏡に映る貧しい身なりの夕刊売りの母子に目を止めた。散髪を終えると母子から夕刊を買い、その足で交番に寄って彼女らの家庭状況を調べるよう頼んだ。やがて、夫が病に倒れ、子ども3人を抱えながら夕刊売りでやっと生計を立てていることを知る――。

地域の見守り役である民生委員。その制度は、米騒動がきっかけで誕生した。

民生委員の歴史は、17年に岡山県で創設された済世《さいせい》顧問制度と、翌18年に大阪府で発足した方面委員制度に始まる。中でも、林と社会事業の権威だった小河《おがわ》滋次郎博士が生んだ方面委員は全国に広がり、戦後の民生委員制度につながった。「米騒動は日本の社会福祉の原点ですよ」。全国民生委員児童委員連合会長の得能金市さん（70）＝南砺市荒木・福光＝が教えてくれた。

富山の漁師町から始まった米騒動は8月中旬、大阪に飛び火。打ち壊しや放火が起き、林は軍に出動要請して鎮圧に当たる一方、再発防止には防貧対策が必要だと痛感した。10月には大阪府方面委員規程を公布。地区（方面）ごとに委員を委嘱し、貧困家庭の生活調査や救済活動を任せた。委員には官吏や警官のほか、騒動収束のため米の廉売に当たった地域の有力者も選ばれた。林自身、後に「米騒動は方面委員の出来ます動機といたしましては何《ど》うしても見逃すことの出来ない関係であります」と語ったという。

県内では高岡市、富山市に続き、27年5月に県が魚津、滑川、新湊、伏木、氷見の沿岸5地区に方面委員を置いた。県民生委員児童委員協議会の80周年誌には「沿岸地区には漁労を職業とする人々の家庭が密集し、救済保護を要する人が多かった」とあり、米騒動の発端となった漁師町を中心に、救済事業が始められたことがうかがえる。

得能さんは、米騒動に思い入れがある。地元・

林市蔵（全国民生委員児童委員連合会提供）

米騒動と民生委員との関わりについて話す得能さん＝富山県総合福祉会館

福光出身の政治家、故松村謙三氏を戦後の農地改革に駆り立てたのが米騒動だとみているからだ。「圧倒的な米不足の中、食料安定のため、いつかやらねばと思い至ったのだろう」

47歳で民生委員になって間もなく、忘れられない経験をした。担当する70代の男性が自宅で孤独死しているのを発見。死後1週間たっていた。

男性は事業に失敗し、酒に頼る生活だった。本人を連れて生活保護を申請し、公営住宅入居のため親類を探して保証人を頼んだ。支援に駆け回っただけに、くやしかった。「あのときは、もうやめようと思ったね」。現在まで続いているのは、「まずは家族の理解。あとは、やりがいと誇りやちゃ」と笑顔を見せる。

単身世帯の増加、非婚化、引きこもり…。社会の孤立化はますます進み、地域の課題も複雑になっている。「民生委員は1世紀にわたり、住民の身近に寄り添い、制度のはざまにこぼれ落ちた人を救い上げてきた。これからも『良き隣人』であり続けたい」

◇

「みんな、いかっしゃんか」。漁師町の女性たちは、声を掛け合って米騒動に加わったという。貧しくとも、そこには人と人の絆、コミュニティーがあった。核家族化や少子高齢化が進み、プライバシー意識が強まる現在、人間関係は希薄になる一方だ。細る地域力と、絆を結び直そうと汗をかく人々を取材した。

民生委員（下）――向こう三軒「人いない」

「おはよう。テレビ見とられるがけ」。富山市池多地区の民生委員・髙山礼子さん（69）が玄関から呼び掛けると、奥から川井百合子さん（83）が顔を出した。「寒いがに、ご苦労さまな」。孫のこと、この冬の大雪のこと、手作りの寒もちの出来のこと…。ひとしきりおしゃべりが終わると、「無理だけしられんな。また来ます」と優しく声を掛け、家を出た。

髙山さんの担当は、1人暮らしの高齢世帯や障害者のいる世帯など10軒。月に2回は必ず訪問して話し相手になり、時には困りごとの相談にも乗る。訪問日以外も、新聞が取り込まれているか確認したり、近所の人に様子を聞いたりと、目配りを欠かさない。

夜中の1時や2時に「目が覚めて眠れん」と電話が鳴り、体温計と血圧計を持って駆け付けることも。「熱もないし、血圧も平常。あったかくしとれば大丈夫やちゃ」。そう言うだけで、安心して布団に戻られる。「民生委員を続けられるのは、『ありがとう』『助かったわ』の言葉があるから。次の励みになる」と笑顔を見せる。

県民生委員児童委員協議会の副会長も務める髙山さんは、活動歴30年のベテラン。福岡県出身で、25歳で池多地区にある楽円寺（富山市西押川）に嫁いできた。民生委員を引き受けたのは、40歳の時。義祖父や義父、夫も民生委員を務めたことがあり、声が掛かった。

その少し前、胃がんが見つかり、胃の4分の3を切除した。病を経て「いろんな人に支えられたから今日がある。恩返ししたい」という思いも芽生え、引き受けた。

池多地区は呉羽丘陵の西側に広がるのどかな田園地帯だが、この30年間で地域の姿は大きく変わったという。高齢化率は32・8％で、市全体の28・8％を上回る。少子化も進み、池多小学校の全校児童は、わずか35人だ。

「ここは空き家。ここは1人暮らし、ここは施設に入っておられる…。『向こう三軒両隣』というけど、人がいなくなっているんです」

川井さん宅を出た後、高山さんが車を走らせながらため息をついた。高齢夫婦だけの世帯や、「80代の親と50代の子」を意味する「８０５０（はちまるごーまる）」世帯も多い。こうした家庭は、何かのきっかけで孤立、困窮する可能性がある。担当する10世帯にとどまらず、実質的には地区の大半が見守り対象という。

笑顔でおしゃべりする髙山さん（左）と川井さん＝富山市内

家庭を訪問するのも、勇気がいるようになった。かつては当たり前のように玄関が開け放されていたが、いまはどの家も施錠されている。プライバシー意識の高まりからか、関わりを拒否されるケースや、訪問しても家族が応対し、お年寄り本人に会えないケースもあるという。

福祉制度が充実した現在、地域を見守るのは民生委員だけではない。行政や地域包括支援センター、保健推進員などのボランティアが連携し、支えている。「民生委員は『ゾウの耳とタカの目』が大事。ネットワークの一員として、声を出せない人の声に耳を傾け、悩みを抱えた人がいないか目配りするのが私の役割」と言う。

１００年前、米騒動を起こした女性たちに、地域コミュニティーを支える自分たちを重ねる。「食べるものがなく、生活に困った。自分たちの課題解決のために力を合わせて行動を起こし、やり遂げた。現代の私たちも、見習わなきゃいけないと思います」

青年団――五箇三村　手を取り合う

カラフルなウエアをまとった10人ほどの若者が、高さ3メートル超のかまくらを作っていた。2月最初の土曜日、深い雪に覆われた南砺市の利賀国際キャンプ場。１週間後に迫った南砺利賀そば祭りの会場設営のため、利賀村青年団がチェーンソーやスコップを手に汗を流していた。ショベルカーでかまくらを掘っていた団長のカルバーリョ・アルツール・マルシウスさん（31）が、操縦席から降りてきた。「皆さん、飯にしましょう」

メンバーは肩に積もった雪を払い、建物の中に入る。談笑しながら、カップ麺やおにぎり、唐揚げで腹ごしらえをした。「今日の慰労会はうちでやりますので」とカルバーリョさん。和気あいあいとした空気が漂った。

利賀村青年団の設立は１９１８（大正７）年。米騒動が起きた年だ。魚津や滑川など漁村の女性が力を合わせて立ち上がったのと同じころ、遠く離れた山村では若者たちのつながりが生まれていた。

現在の団員は25～33歳の21人。しんりょく祭りやサマーフェスティバルの運営など、利賀地域のさまざまな行事の担い手になっている。

日系ブラジル人のカルバーリョさんは小学4年の時に来日した。学生時代を石川県で過ごし、8年前から利賀の建設会社に勤める。豊かな自然と住民の温かい人柄に引かれて移り住んだ。青年団活動にも積極的に加わった。

「みんな、利賀のために何かしたいという思いを持っていますよ」。麺をすすりながらカルバーリョさんは言う。

ただ、利賀のようなケースはまれだ。地域コミュニティーを支え、県青年議会などを通じて社会問題や地方自治とも向き合った青年団は、県内で姿を消しつつある。

県教委が把握する数は2016年度で黒部、南砺の両市と立山町の12団279人。ピークだった1952年度の234団4万6474人から激減した。ライフスタイルが多様化し、地域の若者同士が顔を合わせる機会が少なくなったことが要因という。連絡組織だった県青年団協議会も2007年に解散している。

利賀村青年団にも、悩みがないわけではない。過疎化で若い世代は減り、団員の確保はやはり難しい。メンバーの半数は砺波市などに暮らす出身者だ。

何もしなければ活動は細るばかり。そんな危機感から、南砺市の利賀村、上平、平の3青年団は近年、連携を強めるようになった。合同で忘年会を開いたり、イベント運営で協力したりと、顔を合わせる機会を増やしている。

かまくらを作るカルバーリョさん（左から2人目）ら利賀村青年団メンバー。中央は上平青年団の森井さん＝南砺市利賀国際キャンプ場

この日のかまくら作りには、上平青年団の森井勇真さん（27）も加わった。「同じ五箇三村ですから。何か手伝えればと思って」

青年団活動をどう継続し、地域の絆を守るか。若者が知恵を絞り、手を取り合う姿が南砺の山あいにある。

30分余りの休憩が終わった。雪は相変わらずしんしんと降っていた。一人、また一人と外へ出ていく。「6月に１００年の記念行事もやるんですよ。今、昔の写真とかを集めていて」。そう話すと、カルバーリョさんもかまくらに向かった。

縁結び——おせっかいで成婚１３２組

雪が降りしきる2月11日、南砺市のいのくち椿館で開かれた婚活イベント「バレンタインパーティー」は、37人の男女で盛り上がっていた。誕生したカップルは3組。「今回駄目でも10回は来るつもりで。待ってるから、諦めないでね！」。成立に至らなかった参加者に、婚活応援団「なんとおせっ会」副会長の山田由理枝さん（63）がエールを送った。

終了後のスタッフ反省会。「今どきの女の子は慎重ね。気に入った男性の番号を書かない子が６人もいたよ」など、ざっくばらんな感想が飛び交う。スタッフの中には、過去のイベントで出会い、２年前にゴールインした夫婦も。「お世話になった恩返し。経験を生かし未婚の男女を後押ししたい」と言う。

この日は砺波、小矢部両市のほか、交流のある福島県南相馬市からも視察に訪れていた。「カップル成立はスタートライン。『その後どう？』とこまめな声掛けが絶対に必要ですよ」。運営のこつなどを尋ねられ、山田さんは熱っぽくアドバイスした。

「夫や子どもに米を食べさせたい」。米騒動は妻たちの家族愛が原点にあった。１００年を経た今、家族の在り方や結婚観は大きく変わった。生涯未婚率は上昇し続け、家庭を持って当たり前という考えは薄れつつある。他人のプライベートには介入しない風潮も強まる中、山田さんは行政をも巻き込み、あえて縁結びを買って出る。

きっかけは８年前、一人息子に長女が生まれたことだ。初孫を抱いた瞬間、涙があふれ出た。「母から子、孫へと命がつながる喜びを実感した」。この感動を一人でも多く

婚活イベントの後に行われたスタッフらの反省会。左端が山田さん＝南砺市のいのくち椿館

の人に味わってほしいと〝おせっかい〟がライフワークになった。「米騒動にも家族を思う見返りのない母性愛があったはず」と力を込める。

まずは身の回りからと夫婦で営む建築会社の従業員や知人に声を掛け、２カ月に1度、男女10対10の婚活パーティーを開いた。ある時、少子化対策に取り組む田中幹夫南砺市長（56）が、うわさを聞きつけて会場にやってきた。「今、こういう取り組みが大事だよな」と、納得した様子で帰って行ったという。

市は２０１１年度、婚活支援係を新設し、官民挙げた婚活支援事業「ＡＩＰ（赤い糸プロジェクト）48」を始動した。アイドルグループＡＫＢ48をもじり、成婚目標を48組とした。実働部隊として仲人役を担うボランティア組織「なんとおせっ会」を発足。会長は市長自ら務め、副会長には山田さんを任命した。

多彩なお見合いイベントを開き、カップル誕生後もきめ細かくフォローする。成婚数は目標を大きく上回る１３２組。同様の事業に取り組む全国の自治体でもトップクラスで、行政だけでなく、15年には、当時の有村治子少子化対策担当相も視察に訪れた。

若い頃は結婚に乗り気でなかったという山田さん。25歳で見合い結婚した。いま幸せな生活があるのは、当時世話を焼いてくれた母の職場の部下のおかげという。「昔は身近におせっかいさんが普通にいた。青年団の活動で男女が出会う機会も多かった」

最近は「おひとりさま」という言葉が定着し、シングルライフを満喫する人も増えてきた。山田さんは、そうした生き方も肯定した上で、あくまで結婚したい人の応援団でありたいという。「幸せな家庭が増えれば、地域も幸せになるんじゃないかな」。そう語る横顔に充実感がにじんだ。

現代のおかか――愛情こもった漁師飯

「フクラギ煮たから、食べられ」。滑川漁協女性部長の倉本禮子《れいこ》さん（73）は、ちょくちょく近くに住む1人暮らしのお年寄りにお裾分けを持って行く。漁師の次男が持ち帰ってくる朝取れの魚や得意の煮魚料理だ。「ありがとうって言われるとうれしいし、一人でも多くの人に魚のおいしさを味わってほしくて」。漁師のおかかの顔がのぞく。

倉本さんが生まれ育った滑川は、県内で米騒動のピークとなった地だ。漁師の妻をはじめ、2千人が騒動に加わったとされる。「わが子に米を食べさせたい一心だったんでしょう」。おかかたちの行動に思いをはせる。

当時の漁師は「貧乏人の子だくさん」。その上、漁師は力仕事で1日1升の米を食べたという。

舟に乗る夫に米飯を持たせ、家族は残ったご飯におからや大根を混ぜて食べた。米がないなりに、工夫してしのいだのは「すごい知恵」と感心する。

倉本さん自身も大所帯だ。漁師だった夫の故吉長さんとの間に生まれた子どもは5人。今は孫20人、ひ孫が7人おり、次男夫婦と孫4人の7人暮らしだ。「育ち盛りの子どもたちと肉体労働で大食漢の夫を抱えたおかかたちがどれほど大変だったか、痛いほど分かる」と言う。

倉本さんは生まれてから73年間、海が見える場所に住んでいる。実家はホタルイカ加工を営んでおり、子どもの頃は、桜煮や天日干しの作業をよく手伝った。

19歳で実家から2キロ東の漁師の家に嫁いだ。夫の吉長さんは建材の取り付け業をしていたが、体を壊した父の後を継ぎ、１９７３年から定置網漁船に乗った。

漁師は朝4時に海へ出る。朝食の支度をし、夫を起こすのが日課。ホタルイカ観光船が周航する春は、接客などを手伝うため2時に起きる。ハードな生活だが「朝取れの魚が食べられるのは、漁師ならではのぜいたく」と笑う。

お魚料理教室で生徒にフクラギのさばき方を教える倉本さん＝滑川高校

魚食の伝承や普及に取り組む滑川漁協女性部に入り、幼い頃から培ったホタルイカ料理の腕を発揮。先輩部員をうならせた。

吉長さんは２００５年に63歳で他界した。消費者の魚離れを憂い、亡くなる直前、「多くの人に魚を食べてもらうには女性部の活動が大事になる。しっかりやれや」と言い残したという。

現在は女性部25人を率い、市内の学校や給食センターで食育講座を開く。地の魚を使った数々のメニューを考案するほか、魚を無駄なく食べた先人の知恵に倣い、あらを使ったブリ大根などの作り方も教える。地元ケーブルテレビにも出演し、どの家庭にもある調味料で作れる魚料理を紹介する。街で「あんたのやり方は簡単でおいしいわあ」と声を掛けられることもあり、この上ない励みだという。

「新しい魚は、切るとザクザクって音がするでしょ」。2月2日、滑川高校（同市加島町）で海洋科1年生の「お魚料理教室」が開かれ、倉本さんが鮮やかな包丁さばきを披露していた。

生徒たちが挑戦したのは、フクラギの刺し身とカルパッチョ、ムニエル、あら汁。1匹の魚が余すことなく多彩な料理に生まれ変わることを学んだ。「家族のみんなにも作ってあげたい」と受講した池原南穂《なほ》さん。愛情のこもった漁師の「おかか飯」は、世代を超えて家族や地域の絆を紡いでいく。

社交場――昔は井戸端 いま銭湯

魚津の米騒動の舞台となった漁師町は、角川と鴨川という二つの川にまたがった東西約1キロの海沿いにある。家が密集した古い町並みには、５軒もの公衆浴場が集中する。県内有数の〝銭湯のまち〟だ。

２０１７年11月上旬、角川べりを歩いた。川面を渡る冷たい風が細い路地に抜け、鉄橋を走る電車のリズミカルな音が響く。河口近くで蛇行する川の両岸に煙突が1本ずつ。銭湯が向かい合っていた。

左岸にある川城鉱泉（魚津市上口）は、米騒動が起きる前の大正初期から１００年以上続く。午後3時すぎ、近くに住む漁師らが三々五々集まって来た。「あんた、昨日来んだぜ」「おお、ちょっと調子悪ての」。いつも同じ時間帯に訪れる常連客たちだ。

鉄分豊富な茶色い湯が、冷え切った体を癒やす。その日の漁の話で盛り上がる様子は、まるで〝裸の反省会議〟だ。温まると脱衣所に場所を移し、缶ジュースで喉を潤しながら会議の続きが行われた。

「風呂屋は漁師の教室なんよ」。はえなわ漁を営む桐岡博さん（62）は力を込める。曽祖父の代から漁師で、川城鉱泉には半世紀以上通う。

「フクラギ、なーん取れんでの」。桐岡さんがつぶやいた。「入善まで行ってみりゃどうよ」と助言するのは、元漁師の岡島行市《ゆきいち》さん（84）。76歳で現役を退いた後も、兄貴分として慕われる。「漁のことは岡島さんが何でも知っとる。おらっちゃの先生やちゃ」と皆が口をそろえる。

かつて、この町のあちこちには「てんこ水」と呼ばれる共同井戸があり、豊富な水が湧き出していた。米騒動は、米価高騰に苦しむ漁師の妻たちの井戸端会議がきっかけだったといわれている。

岡島さんが幼い頃も、井戸で米や野菜を洗いながら女性たちが世間話をしていたという。水道の整備に伴って井戸は姿を消し、地元の人たちの語らいの場はもっぱら銭湯になった。

しかし、内風呂の普及で銭湯も下火となる。川城鉱泉おかみの松田睦子さん（65）は「嫁いで来た昭和50年頃、この辺にはもっとたくさん銭湯があった。うちも、洗い場は芋を洗うように人でいっぱいだった」と振り返る。

県浴場組合に加盟する銭湯は２００８年に１１１軒だったが、今は65軒。後継者不足やスーパー銭湯の増加に伴う経営難が背景にあるという。

川城鉱泉の周辺は高齢化が進む。若い世代は郊外に移り住み、通りは虫食いのように空き家が目立つ。「行儀が悪い子は、周りの大人たちからよく叱られていた。最近はそんなのも見なくなったけど、何か大切なものが失われているよね」。年季の入ったかまの火加減を見ながら、松田さんがぽつりと口にした。

銭湯からは、その町の素顔が垣間見える。魚津の漁師町では、米騒動の時の共同井戸のように、地域の社交場として住民の絆が紡がれていた。「経営は楽じゃないけど、うちの風呂での触れ合いを楽しみにしている人がいる限り頑張りたい」と松田さん。コミュニティーのランドマークである煙突を、守り続ける。

第４章　貧困と格差の今

おかかの叫び――生存権懸けた闘い

鍋割月《なべわれづき》―。かつて富山県東部の漁師町の人々は、夏をそう呼んだ。米の端境期に当たる上、魚もほとんど揚がらない。空っぽの鍋を火にかけると割れてしまう。田畑を持たないその日稼ぎの漁師にとって、一番苦しい時期だった。

「ひもじさを象徴する、これ以上ない言葉ですよね」。元北日本放送ディレクターの金澤敏子さん（66）＝入善町＝は、20年前にドキュメンタリー番組「鍋割月の女たち」を制作した。米騒動から80年の節目に、映像として記録を残したいと思い、企画した。

騒動に参加した漁師町の女性たちは、既にこの世にいない。何をどうやって伝えればいいか。自分の中の迷いを親交のあった歌人で作家の故辺見じゅんさんに相談した。「おかかたちに寄り添い、代弁者になりなさい」。米騒動の舞台でもある水橋出身の辺見さんに背中を押され、女性たちの気持ちに向き合った。

生前の女性たちに聞き取り調査をした人や、騒動の目撃者たちにインタビューした。聞き取り調査で録音された女性たちの証言も聞いた。

水橋の米騒動には「女仲仕」と呼ばれる女性の港湾作業員が加わっていた。故杉村ハツさんは「80キロを超える荷物を背中に担いで細い桟橋を渡る。大変やった」と語った。賃金は1日30銭。騒動の起きた1918年の米1升の値段は、1月に24銭だったのに8月は41銭にまで上がった。汗みどろで背中の皮がむけるほど働いても、家族で食べる1日分の米も買えなくなった。

目の前の倉にある米を自分たちが運び出すほど、米の値が上がる。一方で、命の糧である米の売り惜しみや投機で暴利をむさぼる商人たちがいた。「そうした社会のひずみや矛盾を体で感じていたのが女仲仕たちだった」と金澤さん。「越中の女一揆」と呼ばれた米騒動は、おかかたちの生存権を懸けた闘いだったと考えている。

「この辺の海は夏、魚が揚がらない。米を買う金もない。夏涸《が》れは命に関わるんですよ」。5歳の頃、魚津の浜で騒動を目撃した本間春さ

米騒動について報じる大正時代の新聞記事に目を通す金澤さん＝入善町

んはインタビューで、漁師町に残る「夏凋れ」という言葉を教えてくれた。草木が「枯れる」ではなく、水が「涸れる」の字を当てるという。

取材を通じて最も印象に残る言葉だった。「夏は命が涸れる。餓死は当時、身近にあるものだった」。特に母親にとって、自らの空腹は我慢できても、わが子を飢え死にさせるほど耐えがたいことはなかったと想像する。

生活保護などのセーフティーネットができた現在、生死の境にあるような「絶対的貧困」は減った。一方で、その社会で普通とされる生活ができない「相対的貧困」は6人に1人といわれる。非正規雇用の増加で、年収２００万円以下のワーキングプア（働く貧困層）は１１００万人を超える。路上で暮らす人、社会から孤絶し餓死する人…。セーフティーネットからこぼれ落ちる人が後を絶たない。「国民を餓死させせない。これこそ今も昔も変わらず国が最優先でやるべき仕事ではないか」。金澤さんは問い掛ける。

なぜ、必死に働いても食べられないのか—。生存権を懸けて闘った大正のおかかたちの叫びは、現代社会にも突き付けられたままだ。

◇

世界第3位の経済大国である日本で、貧困と格差の拡大が社会問題になっている。困窮の中で生きる人々、それを支える人々の姿を通し、平成の貧困を考える。

薄幸――所持金尽き「貸して」

富山市の松川べりは、カメラを手に散策する花見客らでにぎわっていた。その老婦人と出会ったのは２０１７年4月上旬、満開の桜の頃。自転車で取材先に向かう途中、桜並木から目と鼻の先の路上で白髪交じりの女性に突然、話しかけられた。「必ず返しますので、千円貸してください」

使い古したジャンパーをまとい、目はうつろ。２日間何も食べていないという。こちらの名刺を渡し、連絡先を聞いた上で、千円札を渡した。「ありがとうございます。お金が入ったら、すぐにお返しします」。そう告げて深々と頭を下げた。お金は約２週間後、鉛筆書きの礼状を添えて封書で送られてきた。

女性は近くのアパートで50代の息子と暮らす大橋京子さん（77）＝仮名。路上でお金を無心するほど困窮するには、何か事情があるのか。身の上を聞こうと部屋を訪ねた。玄関を上がるとふたが開いたままの炊飯器が目に入った。中には米粒一つない。米騒動の頃の空の米びつを連想させた。

大橋さんは満州生まれ。４歳の時に南満州鉄道に勤めていた父を肺結核で亡くし、終戦後に母の故郷の富山市に移り住んだ。母はキャバレーで働いた。生活は苦しく貸家を転々とした。「ランドセルは買ってもらえず、手提げ袋で登校した。主食はサツマイモ。白米なんて食べられなかった」と振り返る。

中学を卒業し、旧大沢野町の紡績工場で1年余り働いた後、金沢市の酒場で踊り子になった。母が旧八尾町でバーを開いてからは、店を手伝った。23歳で結婚。２人の子どもを授かったが、大工の夫は酒乱で暴力に悩まされた。「バットでたたかれ、実家へ何度逃げ込んだことか」。夫の稼ぎの大半は酒代に消えるため、温浴施設などで20年近く働き、子どもを育てた。給料日、夫が勤務先へ押しかけ、お金をせびることもあった。

最愛の母を15年前に亡くした。その後、うつ病になり働けなくなった。同居する息子は職を転々とし、収入は不安定。家賃滞納で市営住宅を退去させられたこともあった。

旧細入村の市営住宅にいた3年前、近くに住む民生委員が市役所へ掛け合って生活保護の手続きをしてくれた。月11万円を受給できるようになり、今のアパートに転居した。間もなく夫が亡くなった。墓を建てるお金がなく、遺骨は今も自宅にある。

月に1度通院し、うつ病はだいぶよくなった。一方、アルバイト生活の息子は家にお金を入れず、生活保護費は家賃や2人分の食費などに消える。所持金が底を突くと、通行人に無心することもあったが、警察に注意され、今は止めたという。

薄幸な人生ながらも、セーフティーネットに救われたと感謝を繰り返す。「国から生活保護費を頂いている上に医療費も無料。ありがたく思わなければ。米騒動の頃は、そんな救済制度なんてなく、もっともっと苦しかったはず」と語る。

大橋さんにとって命綱ともいえる生活保護費。厚生労働省は18年10月以降、引き下げを予定している。膨らみ続ける社会保障費が財政を圧迫していることなどが背景にある。

17年12月、テレビのニュースでそれを知った。市役所に問い合わせると、今より2、3千円減額される見通しと告げられた。「3日間は食いつなげる金額…」。大橋さんの胸に、感謝と不安が入り交じった複雑な気持ちが芽生えつつある。

生活保護（上）――弱者切り捨てに異議

写真立ての女性は、曇りのない笑顔を浮かべていた。「いちずで勇気があって…。今も彼女と一緒に頑張っているんです」。富山市内の公営住宅に住む青木秀次さん（76）＝仮名＝は、2017年3月に68歳で病死した妻に代わって、ある裁判の原告になった。

13年から相次ぐ国の生活保護費削減は違憲として、取り消しと慰謝料を求める訴訟。原告は

29都道府県で約９００人に及ぶ。富山地裁への提訴は15年1月で、原告は現在５人。いずれも富山市の生活保護受給者で、障害者や病気の人もいる。妻も長年、重い糖尿病に苦しんでいた。

夫妻は塾講師などをして生計を立てていた。妻は40代前半で糖尿病を発症。低血糖を起こすと、急に意識を失った。倒れる頻度は徐々に増え、自動車の運転はおろか、一人での外出も難しく、働けなくなった。その頃、青木さんは仕事の都合で東大阪市に住んでいた。自身も腎臓を患って思うように働けず、妻の生活を支える余裕はなかった。

２０００年に2人は離婚した。病気の妻が単身世帯になれば、生活保護を受けられると思ってのことだ。妻は最初、申請を嫌がった。「飢え死にした方がましだと。後ろめたかったようだ」。生活保護は憲法25条が掲げる「健康で文化的な最低限度の生活」を保障する権利だ。しかし、青木さんは「働かないで国からお金をもらうなんていい身分だ、というバッシングがある」と話す。

自身も狭心症で救急搬送され、医師の勧めで生活保護を受けることになった。東大阪市の職員に病気の「妻」が富山にいると話すと、富山市で受給できるよう手続きを進め、転居費用を支給してくれた。10年の春、富山に戻ったのを機に再婚した。

夫婦２人の生活保護費は月に約８万９千円。家賃や光熱水費、電話代を引いて手元に残る約４万６千円のうち、妻は青木さんに３万５千円前後も渡してくれていた。妻亡き後、自分でお金を管理するようになって知った。

妻は毎週月曜日、富山駅地下で路上生活者らへの炊き出しを手伝っていた。困っている人を放っておけない性格もあったが、食事を共にするためでもあった。日曜日は近くの教会に通った。信徒は低額で昼食が食べられた。生活を切り詰める妻の努力を無にするように13年から生活保護基準が下げられ、３年間で計３６００円減額された。

妻が裁判に加わったのは「正義感からだった」。バッシングを恐れ、生活保護を周囲に知られたくない人は多い。まして国を訴えるのは勇気がいる。ほとんど表に出ない原告もいる中、１日４回インスリン注射を打ちながら、法廷での意見陳述や毎回の記者会見にも臨んだ。

「私の生活保護費がいくらか減ることが問題じゃない。日本が『底辺にいる人間は死んでしまえ』という社会になっていいのか」。第９回口頭弁論のあった18年１月22日。青木さんは会見で、妻に代わってマイクを握った。

これまでに何人もの生活保護受給者や路上生活者と知り合った。元炭坑労働者、労災事故や勤務先の都合で解雇された人たち…。自己責任ばかりでなく、社会構造や経済状況の変化で誰もが貧困に陥り得る。原告を継いだのは「弱者を切り捨て、差別する社会への異議申し立て」という。

法廷には妻の写真をポケットに忍ばせて行く。弱肉強食ではなく共に支え合える社会を願い、夫婦の闘いは続く。

生活保護（下）――受給できず消えた命

「ここで負けると、弱い立場の人はますます追い込まれ、生きていけなくなる。そういう瀬戸際だと思って戦っている」。国の生活保護費引き下げは違憲として、取り消しと慰謝料を求め受給者が富山地裁に提訴した裁判。２０１８年1月22日に行われた第9回口頭弁論後の記者会見で、弁護団事務局長の西山貞義さん（41）は力を込めた。

国は13年から15年にかけ、生活保護費のうち食費や光熱費に充てる生活扶助のほか住宅扶助、暖房代分の冬季加算を次々と減額。18年秋以降、さらに生活扶助や母子加算を削減する予定だ。

減額理由は、生活保護水準が、全世帯のうち下位10％の「最貧困層」の年収を上回ったため。西山さんら弁護団はこれに異を唱える。日本では生活保護を受けられる人々のうち、約8割が保護を受けていない。生活保護以下の貧困者たちを放置したまま、保護基準を切り下げていけば、底なしになりかねない。

「憲法25条が保障する『健康で文化的な最低限度の生活』って何なのか。裁判で正面から問うていきたい」。力強く結んでマイクを置いた。

県弁護士会貧困問題対策委員長、反貧困ネットワークとやま代表世話人などの肩書を持つ西山さん。数々の訴訟を抱えながら、生活困窮者の支援に走り回っている。

学生時代は研究者志望だった。神戸大理学部4年の時、父が経営する会社が倒産し、大学院進学を断念。両親は離婚し、母と一緒に家を出た。父の債務整理を担当した弁護士が、親身になって母と自分の生活再建を助けてくれた。弁護士を志したきっかけだ。

司法修習を過ごした富山で10年に弁護士となった。その年、日弁連の要請で県弁護士会が貧困対策に取り組み始め、プロジェクトチームの委員長を任された。当時、貧困問題を手掛ける弁護士は県内におらず、手探り状態だった。

貧困者支援を実践していた富山福祉短大の

生活保護引き下げ違憲訴訟の記者会見でマイクを握る西山さん＝富山県弁護士会館

准教授に会い、実態を知ることから始めた。富山県の生活保護受給率は、全国で最も低い。しかし、保護の要件を満たしていても役所の窓口で追い返す「水際作戦」が相当あると知った。生活困窮者は多重債務や労働問題などを抱えている人も多く、「法律家が支援しなければならない」と感じた。

12年から県弁護士会で生活保護申請支援を始めた。職員に「働けるでしょう」と帰された人でも、弁護士が同行すると受理される。西山さんの同行申請は70回以上に及ぶ。

苦い経験がある。５年前、准教授とともに、車上生活をしていた70代の男性を保護した。１週間飲まず食わずで、歩くことさえできなかった。救急搬送されたものの、医師に「体に問題はない」と入院を拒まれた。見かねた病院職員の知らせを受け、ホームレスを一時保護するシェルターに連れ帰った。２、３日は点滴や栄養剤で体力が戻ってきたかに見えたが、容体が急変して亡くなった。

男性は生活保護を求めて何度も役所を訪れ、ことごとく断られていた。寝泊まりしていたドライブインの駐車場で警察官がパンをくれたことはあったが、それ以上は援助の手が差し伸べられることはなかった。「富山は豊かな県。そのためか、目の前の貧困に目を向けようとしない風潮があるのではないか」

西山さんは同行申請に備え、男性の印鑑を買っていた。「二度とこんな人を生み出しちゃいけない」。使うことのなかった印鑑は、形見として自らの印鑑と一緒に持ち歩いている。

ひとり親家庭――娘への連鎖、断ちたい

かわいいキャラクター柄の茶わんが、大きな手で隠れてしまいそうだった。３月中旬、平日の午後。富山県東部在住の森川清一さん（50）＝仮名＝は自宅の台所で洗い物をしていた。「宿題、先にやっとられ」。居間にいる小学生の一人娘（９）に話し掛けた。１Ｋのアパート。台所からドア１枚だけを隔てた部屋には、声が簡単に届く。

朝食に使った茶わん２個と箸２膳を洗い終えると、居間の学習机で算数の問題に頭を悩ませる小さな背中に、そっと寄り添った。

父子の２人暮らしが始まったのは、妻をがんで亡くした２０１４年夏だった。

それまでは非正規ながらも共働き。安定していた生活は妻の闘病生活の始まりと同時に一変した。治療費で蓄えはみるみる減った。秋田県にいた両親もこのころ相次いで亡くなり、葬儀費もかさんだ。

家計が苦しくなり、妻の死後、公営住宅に移り住んだ。建設現場で作業員をして稼ぎを得ていたものの、1年後、仕事中に腰の骨を折る大けがを負った。全治半年。働けなくなった。収入は妻の遺族年金だけ。生活保護を申請しようと役所に行ったが、車の保有を理由に断られた。生活に車は欠かせず、手放すという選択が当時はできなかった。松葉杖姿で途方に暮れた。

けがが治って仕事を再開したものの、今度は手のしびれや激しい頭痛に襲われた。17年1月、脳梗塞と診断された。遺族年金頼みの日々に戻り、やがて家賃滞納を繰り返すようになった。12月、ついに退去を求められた。

住む所の当てもなく、頼れる身内もいない。人づてに反貧困ネットワークとやま代表世話人の弁護士、西山貞義さんの存在を知り、すがる思いで連絡した。西山さんはアパートを探し、役所での生活保護申請にも同行してくれた。就職活動に使うという理由で車の保有が許可され、受給はすんなりと決まったという。「2人で路頭に迷う寸前だった」。引っ越しが終わったのは、立ち退き期限の前日、12月26日のことだった。

転居から3カ月余りたった今も、森川さんは働くことができない。仕事への復帰を望むが、手足にしびれが残り、娘を学校に送り出すと日中は横になる時間が長い。

近年、親から子どもへの「貧困の連鎖」が社会問題となっている。家庭の経済状況によって子どもの教育環境に格差が生まれ、進路や職業選択の幅が狭まる。政府がまとめた「子どもの貧困対策に関する大綱」によると、子どもの大学などへの進学率はひとり親世帯で4割、生活保護受給世帯では3割程度。全世帯平均で7割を超えているのとは大きな差がある。

森川さん自身も経済的に苦しい家庭で育った。父親が富山で事業に失敗し、幼い頃から母の実家がある秋田県に身を寄せ、県営住宅で暮らした。高校3年の夏、親に「情報系の専門学校に行きたい」と訴えたが認めてもらえず、進学を諦めたこともある。

貧しさから抜け出すために学びたい。願いはかなわず、高校卒業後は職を転々とした。あの時進学し、スキルを身に付けていれば…。そんな思いは今も消えない。

娘に自分と同じ経験をさせたくはない。「貧しさの連鎖を断ち切りたい。でも、この〝鎖〟はなかなか太いんです」。生活保護を受け、就労のめどが立たない今、将来の展望を見通せないでいる。

アラフォーの転落――非正規から路上生活

肌寒さが残る3月上旬、富山市中心部の図書館では、中高生たちが参考書を広げてペンを走らせていた。その中に、ひげが伸びた中高年の姿もぽつぽつ見える。暖を取りに来たホームレスたちだった。

２カ月前から路上で寝泊まりする大田隆さん（43）＝仮名＝もその１人。色あせたジャンパーを着て、パソコンに向かっていた。「雪が多く、きつい冬でした」。無精ひげはあるが、目鼻立ちは整い、端正な顔立ちだ。

大田さんは１９７４年、福岡県生まれの団塊ジュニア世代。転勤族の国家公務員だった父はしつけに厳しく、すぐ手を上げた。専業主婦の母は教育熱心で多くの習い事をさせてくれた。「僕は集団になじめない性格で『何とか人並みになれば』という親心だったんでしょう」と振り返る。中学２年で静岡県へ転校。勉強は苦手で、進路面談では「今の偏差値で入れる高校は県内に１校しかない」と言われた。入学した高校は喫煙やけんかが日常の光景だった。

乗り物好きだったため、交通関係の勉強ができる東京の短大を目指したが不合格。地元の印刷工場から内定を得たのと同時期に、父の東京転勤が決まった。「お前に１人暮らしは無理」という父に逆らえず、一家で東京へ移った。「受験の失敗と内定の辞退で人生の歯車が狂い始めた」

約10年間、東京や名古屋で家族と同居しながら郵便局で働いた。正規雇用はかなわず、アルバイトだった。20代後半で「自立したい」と単身上京。非正規雇用で運送業や清掃などの職を転々とした。事故やトラブルのたびに簡単に首を切られた。

収入は不安定で、家賃を滞納。やがて住む場所を失い、インターネットカフェで寝泊まりするようになった。耐えかねて実家に電話すると、父が定年後の臨時雇用で富山の官舎にいると聞かされた。反目する気持ちを抑え、生活を建て直すため父の元で暮らすことにした。２０１５年、40歳の晩秋だった。

富山では派遣社員としてビル清掃の仕事に就いた。２年後、雇用期間が終わった父が東京へ戻ると、再びネットカフェ生活に陥った。住所がないことを会社に知られ、「自己都合」の形で退職。身を寄せた知人の引っ越しを機に、路上生活者となった。

「俺は大学出たけど、就職は何社受けてもダメだった」。ビル清掃会社で同年代の同僚から聞かされた。「僕たちアラフォー世代って、割を食ってきたな」。第２次ベビーブームに生まれ、熾烈《しれつ》な受験戦争を強いられた。就職はバブル崩壊後の氷河期。多くの非正規雇用者が生まれ、リーマンショックでは大量の派遣切りに遭う…。「自分の責任も大きい。もっと勉強しときゃよかったかな」と自嘲しつつ、一度転落するとなかなかはい上がれない社会に割り切れない思いを抱く。

路上で生活していることを電話で父に告げると、「それ見たことか」と突き放された。「富山にいるか、親父に頭を下げ東京に戻るか」。焦りと葛藤の中、一歩を踏み出せずにいる。図書館のパソコンに向かい、音楽や乗り物など共通の趣味を持つ友人と会員制交流サイト（ＳＮＳ）で情報交換して過ごす。

最近、ほかにも楽しみができた。路上生活者らを支援する炊き出しや料理教室に顔を出すことだ。空腹を満たすだけでなく、スタッフに悩みを聞いてもらうこともある。「人と話すことで胸のつかえがとれ、気持ちが楽になるんです」。表情が少し和らいだ。

炊き出し――週1度「出来たて」求め

からくり時計の針が午後5時を回ると、大鍋を持った女性たちが現れた。毎週月曜の夕方、富山駅北口の地下広場で「駅北食堂」と呼ばれる炊き出しがある。暖かな陽気となった3月26日。時計台周辺のベンチには既に15人ほどのホームレスや生活困窮者が集まっている。大ぶりのジャガイモや肉がたっぷり入ったカレーライスとサラダ、煮物…。鍋の前に行列ができた。「お代わりある？」。スタッフに親しく話し掛けるのは、常連の山崎秀一さん（68）。パチンコ店や露天商などの仕事を転々とし、路上生活も経験した。今は家賃2万7千円の富山市内のアパートに1人で暮らす。収入は月7万円の年金のみで、食事は1日1食。「毎週、ここへ来るのが楽しみ」と、片道30分かけて歩いてくる。
2カ月前から路上で寝泊まりする大田隆さん（43）＝仮名＝の姿もあった。食事を終えると、お土産のおにぎりとゆで卵を大事そうに受け取った。「ありがとうございました」。頭を下げ、帰宅の人波にまぎれるように姿を消した。

駅北食堂は、カトリックの「幼き聖マリア修道会富山修道院」（富山市）のシスターや信者、アジアの子どもたちの教育を支援する市民団体の会員ら約10人で活動している。「出来たてのおいしさがこだわり」と、中心メンバーの川崎紀子さん（75）。利用者は十分な食事をできていない人が多く、栄養バランスも重視している。

きっかけは7年前。修道院のインド人シスター、ジュリアーナ・アラーナさん（55）が、知人の案内で駅地下で暮らすホームレスに出会った。リーマンショック後の不景気が続き、10人以上が段ボールに寝泊まりしていた。「何か役に立ちたい」。最初はおにぎりを差し入れ、間もなく教会の仲間らが加わって、本格的な炊き出しが始まった。

生活困窮に陥ったいきさつは一人一人違う。メンバーは、相談事には耳を傾けるが、こちらから不用意に内面に踏み込まない。家族や地域社会との関係を失った人たちが、困ったときに気兼ねなく来られるよう心を砕いてきた。「ホームレスといっても特別な人たちじゃない。みんな同じ人間なんですよ」。メンバーの境ひとみさん（68）は、利用者と同じ目線で寄り添う。常連の中には、山崎さんのように路上生活を抜け出した人もいる。駅地下で暮らす人は数人に減った。一方で、支援の難しさに直面することもある。

3月28日夜。駅地下で寝泊まりしていた常連の男性（75）が亡くなった。冬ごろから体調を崩し、みるみる痩せていった。周囲が気遣って声を掛けても多くを語らなかった。その夜、心配したメンバーが様子を見に行った。声を掛けても反応がない。毛布の中で氷のように冷たくなっていた。

男性は、2日前の駅北食堂にも顔を出していた。食事は喉を通らない。「温かいものが飲みたい」。差し出されたお茶をおいしそうに飲んだ。「それ以上、どうしてあげることもできなかった」。川崎さんは、目頭を押さえた。

次の月曜日。炊き出しの台所はいつもと変わらず、エプロン姿の女性たちのにぎやかな声と野菜を刻む音に包まれた。川崎さんの姿もある。「義務感とか、何かをしてあげているとかじゃない。利用者との距離が縮まるのがうれしいんです」。野菜たっぷりの酢豚、キャベツと大根のサラダなどを積んだ車が出発した。今日も駅北食堂の開店を待っている人たちがいる。

広がる支援――人をつなぐ料理教室

調理室から、おいしそうな匂いが漂ってきた。「天ぷら粉はかき混ぜ過ぎないでね」「ふきのとう、おいしそう」

富山市のボランティア団体「小さな泉の村」が３月10日に県民共生センター（富山市湊入船町）で開いた料理教室。ホームレスの自立や生活困窮者の食生活をサポートしようと、月１回開いている。毎回楽しみにしてくる常連も多い。「みんなでご飯を作りながら楽しく交流できる場になれば」。代表の瀬戸泰子さん(66)がほほ笑んだ。調理を通じたコミュニケーションは、孤立しがちな困窮者が人や社会とのつながりを持つきっかけになるという。

県内の学校で調理や商業などの実習教員をしていた瀬戸さん。料理教室のレシピは全てオリジナルだ。この日のメニューは、エビと季節の野菜のかき揚げ、ちらしずし、茶わん蒸し、いちご大福。ボランティアも含め33人が、出来上がった料理を囲んだ。

瀬戸さんは小さな泉の村の前身団体「あったか相談村」のスタッフだった。２００９年から生活困窮者向けに市内で炊き出しや料理教室を行っていたが、資金不足などで16年３月に休止。「毎回来ている人たちは、この先どうするんだろう」。心配が募り、活動を引き継ぐことを決めた。

社会に貢献できる活動をライフワークにしたいという思いに火が付いた。自らの退職金の一部を活動資金に充てた。

教会員として通う富山小泉町キリスト教会のミン・ビョンジュン牧師（49）に相談すると、スタッフの動員や資金集めなど、教会を挙げてサポートしてくれた。相談村に食材を提供していたＮＰＯ法人「フードバンクとやま」、無料相談会を開いていた司法書士有志も、引き続き協力してくれることになった。教会名にちなんで小さな泉の村と名付け、5月に再始動した。

ボランティアの数は増え、瀬戸さんの元同僚や教え子、友人らも料理教室に顔を出す。薬物依存からの回復に取り組むＮＰＯ法人「富山ダルクリカバリークルーズ」も調理スタッフとして参加する。10代でドラッグに手を染めたという伊藤巧《たくみ》さん（31）は「みんなの役に立てている今の自分が好き」と目を輝かせる。

「小さな泉の村」の料理教室で天ぷらを揚げる瀬戸さん（中央）＝富山県民共生センター

瀬戸さんが特別支援学校に勤務していた頃、知的障害のある生徒が合格率2割のワープロ実務検定1級に合格した。「どんな子も真剣に向き合えば能力を引き出せる」と実感。社会的弱者とされる人も、きっと何か光るものを持っていると信じている。

米騒動が起きた大正時代、大戦景気で成金が増えた一方、米などの物価が高騰し貧困層を直撃した。瀬戸さんは、現代の格差社会に重ねつつ「騒動の背景には、わが子や夫に米を食べさせたいという家族愛があった」と考える。瀬戸さんが向き合う人たちの中には、そうした家族からも見放され、貧しさの中で孤立する人もいる。「自立には本人の努力だけでは限界があり、サポートが必要。そんな人たちに寄り添い、少しでも喜びを感じてもらえたら」

この日の調理室には、路上生活をする大田隆さん（43）＝仮名＝の姿もあった。「英語得意だったよね」。スタッフに話しかけられた。大の洋楽好きで独学で英語を習得したという大田さん。英文のテキスト起こしの仕事に誘われ、笑顔がこぼれた。地域の片隅で、小さな支援の輪が広がりつつある。

第５章 立ち上がる女性

富山型デイ——理想の場所を求めて

４月初め、富山市の稲荷公園のサクラは例年より早く満開を迎えていた。青空に映えるソメイヨシノの下で、富山型デイサービス施設「にぎやか」（富山市綾田町）の理事長、阪井由佳子さん（49）や利用者たちが花見をしていた。車いすの高齢者、精神障害のある若者たちが輪になり、飲食を楽しむ。笑い声が何度も響いた。

高齢者や障害者、子どもが一つ屋根の下で同じ時間を過ごす。富山型デイは年齢や障害の有無を問わず人々を受け入れる施設だ。

生みの親は、看護師だった惣万佳代子さん（66）ら。入院する高齢者が望んでも自宅に帰れず亡くなる姿を見て、「最期の場面で泣いているお年寄りを何とかしたい」と思ったのがきっかけだ。高齢者に限らず、支援の必要な人を誰でも受け入れようと、１９９３年、同市富岡町に「このゆびとーまれ」を開いた。

その後の道のりは平たんではなかった。担当が高齢者、障害者、子どもにそれぞれ分かれた縦割り行政の壁、国の介護制度変更にたびたび苦悩した。役所の対応に納得できず、何度も足を運び、声を荒らげ、涙を流した。それでも時代の流れに対応しながら、理想のケアを追い求めた。規制緩和も進み、富山型のような共生型施設は全国に拡大。県のまとめでは、２０１７年３月末時点で１７３１カ所に上る。

こうした富山型デイの軌跡は、大正時代に起きた米騒動と重なる部分がある。ともに富山の女性が意を決して立ち上がり、社会を動かした。

惣万さんは10年余り前、日本社会福祉学会長を長く務めた社会福祉学者、一番ケ瀬康子さん（故人）に共通点を初めて指摘されたという。「米騒動を起こした女性を『すごい』と思っていたから、光栄やったね」と振り返る。

富山型デイをモデルとし、国は４月から介護保険制度などに「共生型サービス」を導入。高齢者と障害者が同じ施設でサービスをさらに受けやすくなった。惣万さんたちの理念は広がり続けている。

富山型デイの中で古株といえる「にぎやか」は、阪井さんが97年に開業した。元は老人保健施設の理学療法士。20代の頃、「このゆび」に子どもを預けたのを機に富山型デイと出合った。

その理念に引かれ、惣万さんの後に続いた。お年寄りも障害者もスタッフも一緒に食事し、昼寝もする。みんなで家族のように過ごす時間は充実していた。

２０００年の介護保険制度導入が転機になった。収入が増え経営は安定する一方、阪井さんは介護が〝仕事〟になっていくのを感じ、人々が支え合うという富山型デイの原点が失われていく気がした。事業のためにお年寄りを集めているような気持ちにもなり、「誰のための施設なのか」と思い悩んだ。

17年11月、開設20年の節目に休業した。このまま施設を閉じることも考えた時に、「にぎやか」に10年以上通う精神障害のある女性の妊娠が分かった。生まれてくる子どものように、居場所が必要な人は、やはりいる。18年3月末に再開した。

「にぎやか」の利用者たちと花見を楽しむ阪井さん（中央）＝富山市の稲荷公園

阪井さんは「みんなで向き合い、過ごす時間を少しずつ取り戻したい」と話す。開業した頃のような「本当の共生」がある場所を目指し、もう一度歩み始めた。

◇

富山の女性の行動は時に、社会に大きなうねりを起こしてきた。「女は感情に正直で、損得抜きにして『こう』と決めたら真っすぐ」と惣万さん。強い意思を持って挑戦する女性たちに光を当てる。

元祖チアガール――「六輪の花」に脚光

炎天下のスタンドで、白いロングスカートの女子生徒たちが、学ラン姿の男子に交じって懸命に旗を振る。1956年の全国高校野球選手権大会。初出場した滑川高校の試合で、6人の女子応援団が注目を集めた。甲子園で初のチアガールだった。

最初はやじが飛んだ。「『めろ（女）のくせにでしゃばるな』って。おじさんたちからにぎり飯を投げつけられた」。唯一の3年生で中心メンバーだった石倉京子さん（79）＝東京都練馬区＝は語る。当時、応援団は男の世界。女子が表舞台に立つことは考えられなかったという。「根っからの負けず嫌い。なおさら闘志に火が付いた」。年齢を感じさせない張りのある声。身のこなしもきびきびしている。

野球部の甲子園出場を受けて校内で「応援するために何か新しいことを」とのムードが高まり、生徒会で女子応援団の結成が決まった。リーダーとして白羽の矢が立ったのが石倉さん。弁論大会で好成績を収め、演劇部や排球部に所属するなど多方面で活躍し、目立つ存在だった。

二つ返事で引き受け、仲間集めに声を掛けて回ったが、「家の人に怒られる」「お嫁に行けなくなる」と断られ続けた。「中途半端は嫌い。一度決めたらやり抜く」。何とか下級生5人を口説き、元祖チアガールが誕生。当時1年生だった西田昭《てる》美《み》さん(78)=富山市大泉東町=は「リーダーシップ抜群の石倉さんの影響で、内気な自分も積極的になれた」と振り返る。衣装はミシンで手作りし、運動会の応援をベースに自分たちで振り付けを考えた。

チームは2回戦で優勝校に0—1で惜敗したものの、女子応援団の姿はテレビで全国放送され、週刊画報誌「アサヒグラフ」の表紙を飾るなど、「六輪の花」として球児以上に脚光を浴びた。

石倉さんは12人きょうだいの四女として川崎市で生まれた。きょうだいのうち6人は戦時中に亡くなった。7歳で父の実家がある滑川に移住。小学校6年の時、父をがんで亡くした。12歳上の兄が売薬として一家を支えた。12畳一間に6人がひしめく生活。野草や山菜を摘んで母に料理してもらった。「とにかく食べるのに必死だった」

1956年夏の甲子園でナインを応援する滑川高校のチアガールたち。中央で旗を振るのは西田さん

高校時代を振り返る石倉さん

高校を出て上京し、大手生命保険会社で管理職まで上り詰めた。退職後は喫茶店やスナックなど都内で３店舗を営み、成功を収めた。「私の強さは子どもの頃に培われた。貧乏でよかったよ」と笑う。

貧しさや逆風にも決してひるまなかった石倉さん。自らの生き方を米騒動を起こしたおかかたちに重ねる。12年間過ごした滑川も騒動の舞台だったことを地元の人から聞いていた。「彼女らはよく立ち上がったよね。あの闘争心が私は大好き」

チア仕込みのバイタリティーは健在だ。「人脈は財産」をモットーに、持ち前の行動力でいろんな場所に顔を出す。東京滑川会や関東地区富山連合会など多くの県人会組織で要職を務め、地域のボランティア活動にも精を出す。

東京でサクラが満開となった３月下旬、都内の高校に石倉さんの姿があった。遠征試合で上京した滑川高校野球部の応援に２日続けて駆け付けた。傘寿を迎えても、母校への熱い思いは現役時代と少しも変わらない。

不屈のクライマー（上）――挑んだ世界最高峰

神々が宿ると言われるヒマラヤの世界最高峰エベレスト。１９７５年5月16日午後0時35分、標高８８４８メートルの頂に日本女子登山隊の故田部井淳子副隊長が立った。世界で初めて、女性だけの登山隊が登頂に成功した瞬間だった。

快挙を成し遂げたのは、故久野英子隊長をリーダーとする15人の女性たち。その中に、宇奈月町（現黒部市）出身の荒木（旧姓・中）幸子《さちこ》さん（70）＝魚津市上村木＝もいた。「その瞬間は『バンザイ』って、みんな抱き合って泣いた」。穏やかな表情で振り返った。

桜井高校在学中に山登りを始め、卒業と同時に魚津岳友会に入った。指導は厳しく、女性だからといって特別扱いはなかった。「『女はモタモタするな』って、後ろから蹴りを入れられた。おかげで鍛えられた」と笑う。

文部省の女子登山指導者研修会で、当時の女性トップクライマーの一人だった故若山美

エベレストのベースキャンプで、シェルパの犬を抱き笑顔を見せる荒木さん（1975年撮影）

子さんと知り合った。一緒に劔沢や谷川岳に登るなど親交を深める中で、女性だけでエベレストを目指す計画を聞き、「行く気があるなら推薦するよ」と誘われた。

入隊した時、既にネパール政府から登山許可が下りていた。最大の課題は資金調達だった。過去、エベレストに登頂したのは英国や日本など８隊。遠征費は億単位だった。日本女子隊は４３００万円を目標にスポンサーや寄付を募ったが難航した。折しもオイルショック後の不況。さらに女性だけのエベレスト挑戦は無謀とみられた。

荒木さんも上京するたび、寄付集めのため丸の内のオフィス街を飛び込みで回った。缶詰や防寒具など物品を提供してくれる会社もあったものの、ほとんどが門前払い。「こんなことしてないで、嫁にでも行きなさい」と言われることもあった。

大手新聞社とテレビ局が１５００万円の後援金を出すことが決まり、それでも足りない分は隊員が１５０万円ずつ出し合うことになった。富山市の登山用具店に勤めていた荒木さんの月給は５万円。そんな大金はとても用意できない。負担金の納付期限が迫り、途方に暮れた時、「これ持ってけ」と、父が封筒を差し出した。先祖代々の田んぼを売ったお金が１５０万円入っていた。

出発の日、父は魚津駅まで来てくれた。「俺が戦地に行く時に見送ってくれた母親の気持ちが分かる」。過去のエベレスト遠征は犠牲者も出ている。父の期待と不安を思い、電車の中で涙が止まらなかった。

75年1月下旬に日本を出発し、ヒマラヤの玄関口カトマンズに入った。登山前からトラブルが相次いだ。日本から持ってきたテントや食料が盗まれた。さらにキャラバン開始後に久野隊長が突然、日本へ無断で帰国。再び隊に合流したものの理由は語らず、気まずい空気が漂った。

それでも3月16日、５３５０メートル地点にベースキャンプを設営。荒木さんは仲間とともに、頂上に向けたルート工作に当たった。4月3日には最大級の難所であるアイスフォール（氷の滝）を突破。頭痛や吐き気など高度障害と闘いながら、第4キャンプ（７６００メートル）まで登ったところで動けなくなり、後退を余儀なくされた。

5月4日未明、登山隊にとって、最大のアクシデントに見舞われた。巨大な雪崩が、荒木さんたちが眠る第2キャンプを襲った。

不屈のクライマー（下）――「母は強し」自らも

「重い。痛い。私は生きてるんだ」。１９７5年5月4日未明、日本女子エベレスト登山隊の第2キャンプを大規模な雪崩が襲った。荒木幸子さんが寝ていたテントも、雪の塊に押しつぶされた。外からシェルパの声が聞こえ、思わず叫んだ。「テント　カット!」。目の前のテントが切り裂かれ、外に引きずり出された。

死者は出なかったものの、隊員7人とシェルパ6人が負傷。登頂は絶望的と思われた。腰やひざを打撲した荒木さんは、シェルパに背負われて下山した。「悔しかった。空を見上げると星が瞬いてた」

ベースキャンプまで下りたところで、同じく雪崩で重傷を負った副隊長の田部井淳子さんが隊長の下山要請を断り、引き続き頂上を目指していると知った。雪崩で装備や食料に被害は出たものの、メンバーは2日後に活動を再開。高度障害が出ていない田部井さんと渡辺百合子さんが、アタック隊に選ばれた。

2人とも30代で子どもを持つ母親だった。27歳で未婚だった荒木さんは「『母は強し』と思った。2人ともあきらめない気持ち、粘りがすごかった」。アタックは酸素ボンベの数が足りず、渡辺さんが頂上を前に下山。最後は、田部井さんがシェルパとともに登頂を成し遂げた。

日本へ戻った登山隊は、出発前に予想もしていなかった歓迎を受けた。マスコミの注目を集め、昭和天皇や三木武夫首相からも祝福された。

荒木さんはその頃、もう1人の隊員とともに負傷した体を休めるためカトマンズにとどまっていた。1カ月後、同じ魚津岳友会の仲間だった婚約者の荒木鷹志さんから「帰ってこないなら迎えに行く」と電報を受けて帰国。間もなく結婚した。

嫁ぎ先は魚津市内ではんこ屋を営んでいた。２人の男の子に恵まれ、夫婦で山登りを楽しむ幸せな生活を送った。しかし結婚5年目に鷹志さんは冬の剱岳で遭難。帰らぬ人となった。それからは店を切り盛りしながら、子ども2人を必死で育てた。「商売もよく知らない上に、女一人で後ろ盾もない。『私が頑張らんと』とがむしゃらだった」

周囲に助けられることも多かった。大手電機メーカーの工場が魚津に進出した時、思いがけず向こうから電話が来た。「地元の業者なのに、仕事を取りにこないのか」。大阪出身の課長は、仕事の厳しさを教えてくれた。「いったん引き受けたら『できない』は絶対に言ったらあかん。女は強い。お母ちゃんやろ」と励まされた。

夫を亡くした後、しばらくは山に行けなかった。しかし、悲しみを癒やしてくれたのも山だった。初めは人目を避け、子どもを連れて片貝上流へスキーに出掛けた。「山へ行けば嫌なこともストレスも忘れた。生きる力になった」

70歳になった現在、店は息子が継いでくれた。自身は店番に立ちながら、山に登り続けている。エベレストで苦楽を共にしたメンバーは、今もかけがえのない仲間だ。今年もネパールへトレッキングに行く計画という。

後に女性初の7大陸最高峰登頂を果たした田部井さんは16年、がんで亡くなった。「あの時はかなわなかったけど、今なら私も負けてないって思う。米騒動もお母さんたちが頑張った。やっぱり『母は強し』だね」。女手一つで夫の残した店を守り、子どもを育て上げた母の顔は、たくましかった。

医師は天職（上）――医療変える　原点は怒り

自動扉を入ると、病院というよりも、エステサロンのような雰囲気だった。医療法人社団藤聖会が2006年に開院した女性クリニックWe富山（富山市根塚町）。乳がんや子宮、卵巣など女性特有の病気の診断治療や検診のほか、形成美容外科、カウンセラーによるメンタルケアなども行っている。

お産は扱っていない。院長の種部恭子さん（53）は、妊婦のいないクリニックをつくりたかったという。「幸せな妊婦さんの隣に、病気や不妊治療の女性が座ってるって、おかしいと思ってたの」

種部さんは、それまでの産婦人科医療に疑問を感じ、女性の目線から変えてきた。その原点となっているのは「怒り」だ。

医師を志したのは高校生。初めて産婦人科を受診した時のことだった。そこで出会った男性医師の威圧的な態度や言葉、診察の環境…。敷居の高い産婦人科に意を決して来た女性への配慮が全くないことに、ショックを受けた。「許せない。私はこの人よりも女性の役に立つ産婦人科医になる」。リベンジを誓った。

１９９０年に富山医薬大（現富山大）医学部を卒業。医師の世界は男社会で、産婦人科の医局でさえ女性はいなかった。「女と扱っていただかなくて結構です」と、猛然と働いた。

夜、病棟にいると患者たちが、担当医でもない下っ端の自分に男性医師には言えない悩みを打ち明けた。耳を傾けると、いろいろなことが見えてきた。家制度や夫との関係、嫁姑《しゅうとめ》問題、産むこととキャリアのどちらを選択するか―。「この人を苦しめているのは病気だけじゃない」。不調の背景にある問題を知らないと、真の女性の健康につながらないと感じた。

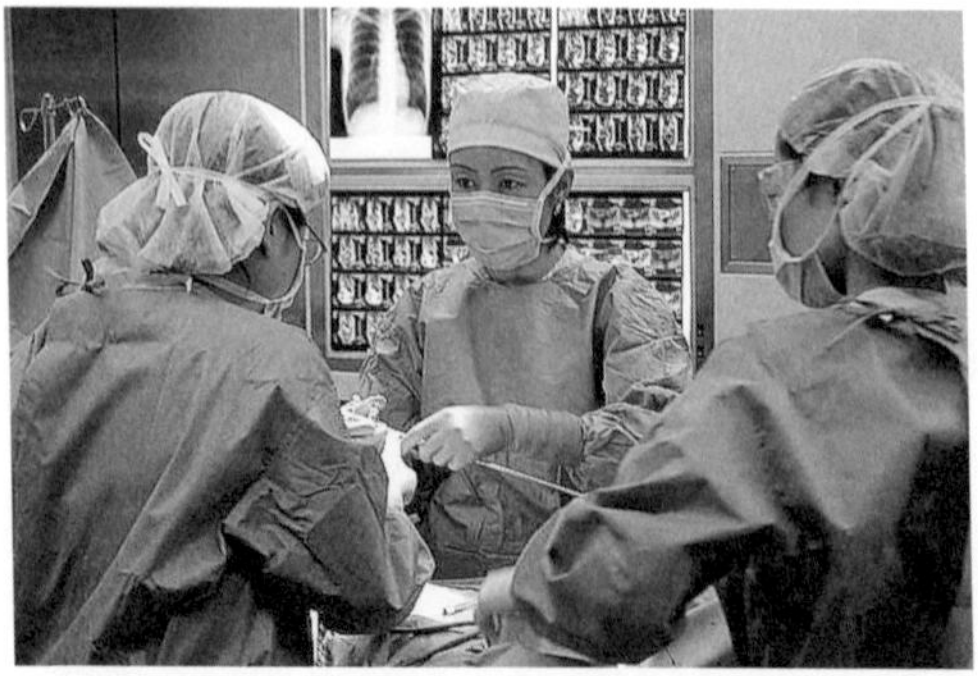

内視鏡手術を行う勤務医時代の種部さん（中央）＝2005年、済生会富山病院

思春期の月経トラブルや更年期障害、ドメスティックバイオレンス（ＤＶ）、性暴力―。女

性が抱える悩みや苦しさはさまざまだ。さらに女性の社会進出が進み、仕事と家庭の両立を迫られる人たちへのヘルスケアは、ますます重要になる。

子宮や卵巣など臓器を診る従来型の産婦人科医療にとどまらず、女性のライフサイクルを考え、健康や生き方をトータルで支えるクリニックができないか。同大附属病院や済生会富山病院などで多忙な勤務医生活を送りながら考えていたことを、藤聖会の藤井久丈理事長が理解してくれた。「おもしろいね。やってみよう」。思い描いたものを形にしたのがWe富山だった。

産婦人科医としてキャリアを積んだある日、高校生の時に出会った医師を訪ねた。あの時に経験した悔しさ、それをばねにここまできたことを告白した。返ってきたのは、謝罪の言葉だった。「自分たち男はそういうことに気付かず、病気を治すことだけを考えてきた。でもこれからの女性医療は違う。あなたがその仕事をやってください」。今では思う。その医師が特別だったのではなく、当時の男性医師はみんな同じだった。むしろ器の大きな人だった。

自身の〝リベンジ〟を果たした後も、種部さんの「怒り」は消えていない。診察室で日々、女性たちの生きづらさを聞いているからだ。「診察室にいるだけでは、目の前の1人しか診ることができない」。診療の傍ら、社会啓発活動にも積極的に取り組む。

3月29日、東京で開かれたある会議に種部さんの姿があった。

医師は天職（下）――「#MeToo」を代弁

「支援につながるかどうかは、窓口の職員の対応次第。大事なのは組織より人だよね」。3月29日、東京・市ケ谷駅からほど近いビルにある日本産婦人科医会の会議室。種部恭子さんの歯切れ良い声が聞こえた。児童虐待予防対策プロジェクトのリーダーとして、会議を進行していた。

予期せぬ妊娠を誰にも相談できないまま、産まれた赤ちゃんを遺棄する―。児童虐待死の中で最も多いのが、こうした生後0日の死亡例だ。

父親など身近な大人から性的虐待を受けているケースや、親から過剰に期待された優等生が現実から逃れるため会員制交流サイト（SNS）でつながった相手と会い、妊娠してしまうケースもある。「その子たちは悪くない。1人で産むなんて、どれだけ大変な思いだったろう」と種部さん。若年妊娠は、ドメスティックバイオレンス（DV）や虐待、貧困など、社会の全ての仕組みがうまくいっていないことを示すアウトカム（結果）という。

0日虐待死に至った妊婦の多くは、お金がなかったり、親に知られるのを恐れたりして病院に行っていない。プロジェクトでは、予期せぬ妊娠に対して、初回診療を無料で行う「妊娠ワンストップサービス」を検討している。「虐待や貧困、性的搾取に苦しむ少女たちが、妊娠を機に必要な支援につながれる仕組みをつくりたい」という。

種部さんは多忙な人だ。内閣府の女性に対する暴力に関する専門調査会委員、県医師会常任理事、日本産婦人科医会常務理事、県男女共同参画審議会委員…。名刺には11もの役職が並ぶ。「ここで意見を言えば女性を巡る社会環境を良くできる」と思う仕事は断らないのがポリシーだ。

思春期の子どもたちに現実的な性知識を持ってもらうため、学校での性教育の講師も年間30―40件ほど引き受けている。家庭では、２人の子どもを持つ母親でもある。

ほとんど休みなく、睡眠時間を削って働くモチベーションは、女性が生きづらい社会への「怒り」だ。生きづらさの根っこには、セクハラや性暴力など、女性を性的な対象とみる風潮もあるとみる。「嫌なこと我慢している人はたくさんいる。許しがたい。『#ＭｅＴｏｏ』（私も）だよ」

自分も高校生の時、初めて訪れた産婦人科で嫌な思いを味わった。「声を上げられない女性たちの声を代弁するのが私の仕事。与えられた天職」。女性の怒り、悔しさ、生きづらさに共感できる当事者だからこそ、代弁できるという。

社会活動の中には、形になったものもある。一つが性暴力ワンストップ支援センターの開設だ。各都道府県への設置を目標に掲げた国の第４次男女共同参画基本計画の策定委員を務めた。県内も２０１８年３月にセンターができた。

３月に、もう一つうれしい成果があった。妊娠した女子生徒に対して高校が安易に退学を勧告しないよう、文部科学省が全国の教育委員会に通知したのだ。厚生労働省の会議などで「高校中退すると、子どもを抱えて貧困に陥る可能性が高い。妊娠している生徒こそ卒業させるべきだ」と、繰り返し訴えてきた。

女性が社会で生きやすくなるよう、変えたいことはまだまだあるという。「怒りとか苦境をはね返す力を、女性は持っている。しなやかに闘う。米騒動も一緒だったんじゃないかな」

闘う論客（上）――性差別に屈辱味わう

「すごい！」。絶景に思わず口に出た。上市町出身の社会学者で女性学の第一人者、上野千鶴子さん(69)の東京都武蔵野市のオフィスへ取材に訪れた。三鷹駅前の高層ビルの27階からは、都会の街並みが一望できる。出迎えた上野さんは、身ぎれいで知的なオーラが漂う女性だった。柔らかな物腰ながら、言葉は鋭かった。「突然ですが、米騒動は決して『たおやか』ではありませんよ」。騒動の舞台となった水橋などでは当時、女性も男たちに交じって米の積み出し作業を担っていた。「富山の女性は強い。よく働くし、誇りに思う」。家族を食べさせるため、矢面に立って声を上げげたおかかたちをたたえる。

矢面に立つ。女性学の先頭を走ってきた上野さん自身がそうだった。男性中心の社会の不合理に異を唱え、性差別解消を訴えてきた。考えの違う女性運動家や〝おじさま方〟からの反発も少なくなかった。「何かやろうとすれば、批判は必ず来る。反対意見は理論武装して論破すればよい」。論争に強い学者として名をはせたゆえんだ。

「ひるまずたおやかに」というタイトルには、暴力に頼らず社会を動かした大正の女性たちへの敬意を込めた。取材後、あらためてその意図を伝えると、「闘い方にまで女らしさが要求されるのか、と感じました」ときっぱり。言葉を武器に、日本のフェミニズムをけん引してきた上野さんらしさを垣間見た。

フェミニストとしての原点は生い立ちにある。1948年生まれの団塊世代。3人きょうだいで唯一の女の子で、開業医の父からは「将来はお嫁さんになるんだよ」と言われて育った。

「富山の女性を誇りに思う」と語る上野さん＝東京都武蔵野市のオフィス

専業主婦の母は、封建的でワンマンな父に服従した。「離婚したいけど、あなたたちがいるからできない」と打ち明けられたことも。「目の前で男女不平等が繰り広げられた。両親は反面教師だった」と振り返る。

社会学を志し、京大に進学。当時、大学闘争が学内を席巻しており、正義感と好奇心から上野さんも参加した。闘争の一線に立つのは男子学生で、女子の役目はおむすびを握ったり、逮捕者の救援のため差し入れに行ったり。「性別分業そのもの。屈辱感を味わった」。バリケードの中で、女子学生を性的欲望を満たす対象と考える男子もいた。「セクハラなんて言葉もなく、まるで慰安婦。大ショックだった」と明かす。

将来の見通しが立たず、何となく大学院に進学。その頃、女性に男性と同じ権利を求めるウーマン・リブ運動が広がりつつあった。上野さんは当時、女性が団結することに嫌悪感を持っていたが、知人の誘いでたまたま日本女性学研究会に参加。「女性である自分自身を研究対象にしてもよいのか！」と目からうろこが落ちた。「当事者研究」として女性学の道を歩むことにした。研究は中立かつ客観的なものでなければならないとされ、「そんなものが学問か」「主観的だ」といった批判も多かった。

すぐに研究者として自立できたわけではなく、大学教員になるため就活を開始。20以上の公募に申し込み、30歳の春に平安女学院短大に採用された。教科書や専門用語を使わない授業は

「面白い」と学生の人気を集めた。

本の執筆にも力を入れ、同性目線による斬新な女性論は、世に受け入れられた。「闘いには仲間の存在が大切。著書を通じて理解者ができた。発言すれば敵もできるが味方もできる」

その頃、上野さんを一躍有名にしたエピソードがある。タレントのアグネス・チャンさん(62)が仕事場に乳児を連れてきて批判の的となった。一家言ある気鋭の論客はこれに〝物言い〟をつける。

闘う論客（下）——男性社会で〝世直し〟

2017年11月、熊本市議会の女性議員（42）が乳児連れで議場に入り、波紋を呼んだ。「子連れ出勤」という点でよく似たケースが、30年前の1987年にもあった。タレントのアグネス・チャンさんがテレビ番組の収録に赤ちゃんを連れてきた。芸能人や作家、コラムニストらから「プロとして自覚に欠ける」「周囲の迷惑を考えていない」などと批判を浴びた。

これに異を唱えたのが平安女学院短大助教授だった上野千鶴子さん。新聞紙上で「働く母親の背後には子どもがいる」「いったい男たちが『子連れ出勤』せずにすんでいるのは、だれのおかげであろうか」と擁護した。男女雇用機会均等法が施行された翌年で女性の社会進出への関心が高まっていた時期。２年近くにわたって「アグネス論争」として賛否両論が繰り広げられた。上野さんの名も広く知られることになった。

　上野さんは89年から４年間、京都精華大で教壇に立った。93年、新たな学問を取り入れようとしていた東大から招かれ、95年教授に就任した。ジェンダー研究のパイオニアとして脂が乗り、家族論や文学などを絡めた横断的な研究で活躍の場を広げた。


　男性中心の社会の不合理に立ち向かってきた原動力とは―。「世論や常識を変えられるのが醍醐味《だいごみ》。社会学者は政治家よりも面白い」。自らがやってきたことは、〝現代型世直し〟という。セクハラやＤＶなどを容認しない社会へ変えてきた自負がある。

　前財務事務次官の女性記者へのセクハラ問題にも触れ、「これまでは被害に遭っても泣き寝入りするしかなかった。公の場でここまで問題視されるようになったのは隔世の感」と語る。

　大正時代、米価高騰に我慢できず、声を上げた米騒動のおかかたちに重ね、「言わないと変わらない。嫌なことは我慢せず声を上げなきゃ、負の連鎖は断ち切れない」と強調する。

　20年前から介護にも研究領域を広げた。自分自身の加齢と介護保険法の成立時期が重なった。

父の介護経験から「〝おひとりさま〟である自分はどうなるの？　と切実なテーマだった」と振り返る。女性や家族に依存した介護の在り方にも一石を投じたかった。

医療や介護の現場で取材を重ね、著書も多い。シングル女性の老いの生き方を指南した「おひとりさまの老後」は、75万部を超えるベストセラーとなった。

2011年に東大を退職。現在は、認定NPO法人「ウィメンズアクションネットワーク（WAN）」理事長を務める。女性が生きやすい社会をつくるため、ウェブサイトで情報共有し、交流する。「ネット世代とつながるには、ウェブの世界に出る必要があった」。これまでの蓄積を若い世代にバトンタッチする使命感を持つ。

4月15日、上野さんの講演会が東京都千代田区のイイノホールであった。介護や医療関係者ら向けで、大分から来た看護師もいた。「おひとりさまの上野です」と登場すると、大きな拍手で迎えられ、在宅死の迎え方などについて語った。質疑応答で就職氷河期世代の40代男性介護職員から質問を受けた。「同年代は非正規雇用が多い。僕たち団塊ジュニアの老後はどうなるんでしょうか」

社会と闘ってきた論客の回答は、説得力と包容力があった。「制度と権利は歩いてやって来ない。変えるのはあなたたち。闘えば変えられます。私もご一緒しますから」

第6章 燎原《りょうげん》をゆく

鈴木商店――焼き打ち跡に記念碑

神戸市中心部の歩道に2017年夏、新しいモニュメントができた。白い御影石製で、レンガの台座も含めた高さは1・5メートル。高層マンションが並ぶ街並みに溶け込みながら、確かな存在感を漂わせる。

陶板には「鈴木商店本店跡地」の文字。米騒動の際、暴徒化した民衆によって焼き打ちにされた総合商社がここにあったことを伝えている。建てたのは元社員の子孫ら関係者でつくる親睦会「辰巳会」。「形に残るものができて本当に良かった」と事務局長の金野《こんの》和夫さん(79)がしみじみと語る。鈴木の歩みとともに、暴動の過激さもうかがわせるスポットになっている。

鈴木商店は明治初めに創業し、台湾産樟脳油《しょうのう》の取引で成功する。第1次世界大戦に伴う好景気の波に乗って鉄鋼、造船業などに進出。売上高で三井、三菱の両財閥をしのぐ日本一の商社だった。大戦が終わると業績は悪化、昭和初めの金融恐慌で資金繰りに行き詰まり、経営破綻した。

米騒動はその絶頂期に起きた。全国各地の状況をまとめた「米騒動の研究」(有斐閣)によると、当時神戸市の小売米価格は著しく高騰し、7月2日に1升34銭3厘だったものが8月8日には倍近い60銭8厘になった。「鈴木は米を買い占めている」とうわささされ、それに同調した一部の新聞報道も市民の反感をあおった。焼き打ちがあった同月12日夜、数千人が本店を取り囲んだという。

ただ、鈴木は焼き打ちから4カ月後に文書を発表。買い占めなどしておらず、米価高騰の対策として政府の指示に従い外国米を買い付けていたことを訴えた。

この主張を裏付ける証言をした県人がいた。旧福光町出身で、戦後間もなく厚生大臣や小松製作所社長などを務めた河合良成《よしなり》。米騒動の時は農商務省外米課長として米価調整に腐心した。その後、米騒動の責任を取って辞職する。

鈴木が子会社として設立した繊維メーカー、帝人(当時は

河合良成(国立国会図書館ウェブサイトより)

完成したモニュメントの前に立つ金野さん＝神戸市

帝国人造絹糸）が昭和40年代にまとめた社史に、当時の社長と河合の対談が残る。

河合はこの中で、鈴木の実質的経営者だった金子直吉と騒動前に神戸で会った際、「朝鮮米をうんと私の店で入れるから、これで大阪・神戸あたりの大衆に配ってください」と申し出を受けたことを明かしている。そして河合は「ところがああなると、米のあるところに暴動が起きるのです。（中略）僕は当時の事情を一番よく知っている。恩が仇《あだ》になっている」と語り、潔白だったことを強調した。

創業からわずか50年余りで歴史の表舞台から姿を消したが、帝人や神戸製鋼所、双日など鈴木を源流とする企業は多く現存する。神戸市が18年度に、鈴木をテーマとした講演会と勉強会を8回開くなど、足跡は今も語り継がれる。

辰巳会も14年にインターネット上にバーチャルミュージアム「鈴木商店記念館」を設立。その歩みを積極的に発信している。焼き打ちや河合についても記している。

ミュージアムのもう一つの目的は、資料収集と保管。編集委員長でもある金野さんは「焼き打ちにまで至った背景には、まだ明らかになっていない何かがあるのではないか」と考える。米騒動から１００年の節目に鈴木に再び注目が集まり、新たな情報が寄せられることに期待している。

富山から燎原《りょうげん》の火のように全国に広がった米騒動。各地にあるゆかりの場所や、騒動の意義を問い直そうとする人々を訪ねた。

◇

杜の都で（上）――秩序と良識持ち交渉

表紙の角は破れ、すっかり色あせた56ページの冊子。そーっと中をめくるとガリ版刷りの細かい文字がびっしり並ぶ。インクがかすれた部分は、赤ペンで補ってある。東北大の学生グループが1955年に発表した研究論文「仙台米騒動」。米騒動の参加者による座談会を基にまとめたものだ。

「私の米騒動研究のバイブルです」。仙台市で郷土史を研究する中川正人さん（80）の自宅を4月中旬に訪ねた。騒動を大々的に報じた地元紙、河北新報の号外の現物もある。茶色に変色した紙は、破れそうで手に取るのもためらわれた。

杜の都・仙台の米騒動は、暴動の色合いは弱く、集団で救済を求める団体交渉に近かった。先の資料の考察を重ね、中川さんが導き出した見解だ。富山県内の米騒動と共通するものがあるという。「『たおやかに』って、とてもいいですね。そうした事実にしっくりくる言葉です」

中川さんは１９３８年、北海道旭川市に生まれた。東北大文学部を卒業後、宮城県内の中学や高校で38年間、社会や歴史を教えてきた。定年退職後は東北学院大などで非常勤講師を務めた。仙台市史など郷土史の編さんにも関わってきた。米騒動に興味を持ったのは、宮城県議会史の執筆委員になった73年のこと。大正時代の議会史を書くに当たり、時代背景へ理解を深めようと地元で起きた米騒動について調べることにした。

「思っていたのと違う」。日頃、授業で使う教科書の記述から暴動のイメージが強かったが、交渉に近い実態が見え、目からうろこが落ちた。

18年7月に富山県で始まった米騒動は瞬く間に全国に広がり、仙台では8月15～17日にかけて起きた。米価は１カ月で１・５倍以上に急騰。耐えかねた市民は公園などに集まり、13の集団をつくってデモ行進した。膨れあがった大群衆が米穀商や高利貸、酒造店などに押し掛けた。中川さんは「自然発生的なものではなく、リーダーの下で米の値下げ要求という明確な目的のために行動した」と話す。

一部では放火や打ち壊しも起き、警察や軍隊が出動する事態となったが、「一定の秩序と良識が守られていた」と中川さん。例えば米穀商には、代表者を立て警官立ち会いの上で交渉した。酒造店で勝手に酒を飲んだ男性に周りの群衆が「飲み逃げするなよ」と注意し、酒代を払わせた。資産家や高利貸でも現金には手を付けず、「貧民のために市を通じて寄付してほしい」と要求する形を取った。

中川さんは「一部の暴動ばかり日を向けられてきたが、こうした交渉の事実に光を当てたい」と意気込む。

84年、自身の研究内容をまとめた論文を出版した。米騒動の実態を後世へ伝え広めようと、市民講座などで講演も行っている。

中川さんは、六つの郷土史研究会に所属する。その仲間の一人が、東北大の先輩で元中学校教員の和泉和歌子さん（84）。亡き夫は「仙台米騒動」を発表した４人の東北大学生メンバーの一人だ。「今から２人で和泉さんに会いに行きましょうか。面白い話が聞けると思います」と中川さん。早速和泉さんの自宅へ電話を入れ、仙台の米騒動で最も多くの人が集まった西公園で落ち合うことになった。

東北大の論文「仙台米騒動」と米騒動を報じた新聞記事を広げる中川さん＝仙台市の自宅

杜の都で（下）――形見の論文 広めたい

仙台市中心部にある西公園は１８７５（明治８）年に開園した、「杜の都」で最も歴史のある公園だ。中川正人さんが、園内の茶店で研究仲間の和泉和歌子さんを紹介してくれた。「米騒動の時、この公園に５００人ほどが集まって行進しながら街へ繰り出しました」。２人がそう教えてくれた。

和泉さんの亡き夫で高校教員だった哲郎《あきお》さんは、東北大生４人でつくる仙台米騒動調査グループの一人。１９５５年に研究論文「仙台米騒動」を発表した。グループは論文の内容を広く知ってもらおうと、市民向けの報告会を開催。大学の1年先輩で交際中だった和泉さんも会場を訪れた。

哲郎さんらの研究成果を聞き、中川さんと同様、「米騒動イコール暴動」とする見方に違和感を覚えるようになった。「米の値段が上がって、どうにもならなくなった人たちが『何とかしよう』と集まった。そんなつらい状況でも平和的に解決しようとしたことをもっと評価してほしい」

哲郎さんは8人きょうだいの長男で、金属加工場で住み込みのアルバイトをしながら大学に通う苦学生だった。米騒動の研究に打ち込んだ夫について「自分の貧しい境遇を米騒動に重ねていた。生活難の中で生きるための闘いに共感したのではないか」とおもんぱかる。

中川さんと哲郎さんの出会いは約45年前。宮城県議会史を執筆するに当たって、哲郎さんから米騒動の話を聞いた。その時、論文の現物を譲り受けたという。哲郎さんが２００７年に亡くなってからは、それを〝形見〟として、米騒動を伝え広める意思を受け継いでいる。

仙台の米騒動には延べ３千人以上の市民が参加したとされる。１３２人が逮捕され、うち67人が起訴された。裁判で被告らは「生きるための正当な行為」と主張し、半数近くが大審院（現在の最高裁）まで争った。論文にも「当時はよいことをしたつもりでいた。県議や市議がすべきことを代わってしたのであって、監獄に入れられる理由など全然なかった」という当事者の証言が残されている。

米騒動以後、仙台では労働争議や普通選

米騒動で500人が集まったとされる西公園で語り合う中川さん（右）と和泉さん＝仙台市内

挙運動が盛んになった。中川さんは「さまざまな民衆運動の原型が米騒動にあり、国家権力にひるむことなく主張し、民主主義を勝ち取るきっかけとなった」と意義を強調。「困難な状況でも、仲間で結束して問題を解決しようとする姿勢は現代でも大切」と力を込める。

現在、仙台市民の間で米騒動への関心は決して高くない。「騒動があったこと自体を知らない人が多い」。中川さんは、講演などを通じてそう実感する。１００年の節目に、米騒動を伝える使命感に改めて火が付いたという。研究仲間に協力を呼び掛け、論文「仙台米騒動」の中身を一般向けに分かりやすく書き下ろそうと、構想を膨らませている。

母方のルーツが富山県の下新川地域にあるという中川さん。「富山には何かと縁を感じているが、黒部ダムを見に一度行ったきり。今年のうちに再び訪れ、米騒動の跡を見てみたい。地元の人たちと〝米騒動談議〟ができれば面白いだろうなあ」

学習指導案――研究成果を基に考案

「昔の教え子に助けてもらいながら、1年ほどかけて作りましたよ」

山口県宇部市に住む元県立高校教諭、西岡清美さん（68）が、自宅でパソコン画面を見せてくれた。昨秋開設したホームページ（ＨＰ）「米騒動１００年―宇部炭鉱・山口県―」。全国や宇部の騒動について詳しく紹介している。

最も特徴的なのは、米騒動を教材とした高校の日本史の学習指導案を掲載したこと。自ら考案し、授業計画や学習の狙いをびっしりと書き込んだ。「米騒動は近代最大の民衆行動。高校生がその意義を再認識する意味は大きいと思います」と力を込めた。


西岡さんは定年まで37年間、日本史を中心に教えた。米騒動については、シベリア出兵を機に富山の女性が立ち上がったことや、寺内正毅内閣の総辞職につながったことを主に取り上げた。試験対策としてはそれで十分だった。

しかし、すっきりしない思いが胸にあった。「宇部でも大きな米騒動が起きているのに、生徒に伝えなくてもいいのだろうか」

宇部村（現在の宇部市）では100年前、賃上げ交渉が不調に終わった炭鉱の労働者らが暴徒化。先に警察に拘束された仲間の解放を求めて8月18日夜に村中心部で軍隊と衝突し、13人が射殺された。市町村別で見れば死者数だけでなく、

13人が射殺された現場に立つ西岡さん＝山口県宇部市

起訴者数３４８人も全国で最も多い。

激しい暴動が起きたにもかかわらず、授業ではわずかに触れる程度だった。生徒に米騒動の歴史的意義をもっと時間をかけて伝え、地元の騒動についても理解を深めてもらうべきではないか――。思いは膨らみ、10年ほど前、指導案を作ることを決意。定年後に山口大大学院に入り、研究にのめり込んだ。

藩閥政治からの転換をもたらした意義を考えさせる「大戦景気・政党内閣の成立」、地域史の視点も交えた「山口県の米騒動」、「宇部の米騒動と軍隊の発砲」。１００年の節目にようやくまとめた3種類の指導案だが、研究を進めて新たな発見があれば、さらに加筆し改善させていく考えだ。「研究と教育を融合させたことがＨＰと指導案の大きなポイント」と説明する。

ＨＰは地域教材の開発を目指す山口大の研究プロジェクトの一環として位置付けられている。5月にプロジェクトが同県教委の後援を受けたこともあり、全ての公立高にＨＰの活用を呼び掛けるチラシが配られることになった。「全国の教員の方にも参考にしてもらえれば」と期待する。

西岡さんが熱心に研究する動機がもう一つある。13人が射殺された真相の追究だ。

陸軍資料などにより、労働者がダイナマイトや日本刀を持っていたため、軍隊が自衛のために発砲したという説が定着しつつある。西岡さんは、当時の裁判資料や現場そばに社屋を構えていた地元紙の記事の中に、労働者がダイナマイトなどを手にしたとする記述がないことから通説を疑い、「発砲の正当性はなかった」とする論文を学術誌に発表した。

この研究成果は、生徒に異なる資料を比較・分析する力を養ってもらう狙いから、一部の指導案にも反映させた。「大戦景気を支えた鉱夫《こうふ》たちはなぜ撃たれたのか。今後も掘り下げて調べたいテーマです」と西岡さん。意欲はまだまだ尽きない。

歴史教科書──取り上げるべき大事件

「1918年7月、富山県東水橋町（富山市）の港で、荷を運ぶ仕事をする女性たちが、山と積まれた米俵を前に、考え込んでいました。米はたくさんあるのに、なぜ米の値段が上がり続け、こんなに生活が苦しいのか…」

米騒動について、具体的なエピソードから記述を始める中学の歴史教科書がある。東京都立川市の出版社「学び舎《しゃ》」が発刊する「ともに学ぶ人間の歴史」だ。

A4判とやや大きい教科書は、見開きで一つのテーマを扱う。米騒動をメインにしたページのタイトルは「始まりは女一揆」。東水橋町の描写から入り、経済発展に伴う物価上昇やシベリア出兵を受けた米価高騰、新聞報道が騒動を全国に波及させたことなどを紹介している。資料として当時の新聞を引用し、ある工場労働者の家庭の1カ月の家計も載せた。支出に占めるコメ購入費の割合の高さを示すことで、米価高騰が庶民にとっていかに切実だったかを伝えている。

他社の教科書にも米騒動の記述はある。ただ、学び舎は一層手厚く取り上げている印象を受ける。

「日本を揺るがしたひと夏の大事件。しっかり取り上げるべきだと思いました」。米騒動のページを担当した元公立中学校社会科教諭、山田麗子さん（65）＝埼玉県所沢市＝が熱っぽく理由を説明してくれた。

さらに、「米騒動はかつてない規模の民衆運動で、労働運動や護憲運動の機運が高まるきっかけになった出来事です」と続けた。教科書では米騒動を1ページ余り使って記述した後、労働組合の急増やメーデーの開催、新潟県での小作争議などに触れた。民衆がたくましさを増し、多様な運動を展開していったことが読み取れるようにした。

執筆に際し、東水橋町で立ち上がった女性の中心人物だった水上ノブや、詳細な報道を続けた高岡新報（北日本新聞の前身の一つ）主筆の井上江花《こうか》について調べた。生存を懸けて行動を起こした女性、気骨あるジャーナリストの姿に感銘を受けた。「ページに限りがあり、名前を紹介できなかったのが残念」と振り返る。

女性が担い手だったこともポイントだという。「これまでの多くの教科書は為政者中心に書かれていた」と山田さん。女性をはじめ、その時代を生きた庶民の姿を記すことで、生徒は歴史をいっそう身近に感じるのではないかと考えた。米騒動以外にも、女性や子どもが主役のエピソードを多く紹介している。

学び舎が業界に参入したのは最近だ。「子どもが生き生きと学ぶ、これまでにない教科書をつくりたい」という思いから、教員や教員ＯＢの有志が集まり、執筆と編集を重ねた。出版社も自分たちで設立。活動資金は退職金などを持ち寄った。２０１５年に行われた前回の文部科学省の検定に合格した。

生徒自身が「問い」を生み出すことを大事にした。米騒動のようにエピソードを手厚く盛り込んだのも、「なぜこんなことが起きたのか」

教科書を手に「米騒動は取り上げるべき大事件」と語る山田さん＝埼玉県所沢市

と考えてもらうため。語句の暗記が目的ではないから、太字は使わない。難関校として知られる灘中学（神戸市）、麻布中学（東京）など私立・国立の38校で採択された。

次回の教科書検定を来年度に控え、現在は改訂版づくりの追い込みに入っている。採択校からは「休み時間も教科書を読む生徒がいる」という反応や、女性を多く登場させたことに共感する声が寄せられており、山田さんは「引き続き女性や庶民の姿を描いていきたい」と話している。

シールズ——声を上げた若者たち

「集団的自衛権はいらない」「戦争法案、絶対廃案」——。政府を批判するラップ調のコールがこだまし、色とりどりのプラカードが揺れた。2015年8月30日。普段なら静かな日曜日の国会議事堂正門前には、安全保障関連法案に反対する大勢の人が集まっていた。審議が大詰めを迎える中で開かれた抗議集会には、主催者発表で10万人以上が参加したとされる。

黒山の人だかりの中心にいたのが、学生でつくる団体「自由と民主主義のための学生緊急行動」（SEALDs＝シールズ）だった。警備員や報道関係者も入り乱れた人混みでもみくちゃになりながら、メンバーは軽快なリズムに乗せてコールを繰り返す。拡声器を通じて放たれた声に、群衆が威勢良く呼応した。

「この辺りは人で埋め尽くされていましたね」

国会前で3年前の夏を振り返るのは、富山市出身の映画監督、西原孝至さん（34）。当時はカメラを回し、シールズに密着したドキュメンタリー映画「わたしの自由について」を撮影していた。

シールズは法案の成立阻止に向けて15年5月に結成した。斬新なスタイルで政府批判を展開するだけでなく、政治への関心が薄い世間にも鋭く問い掛けた。「民主主義って何だ」「こんな社会でいいのか。私たちの国なんだよ。一緒に声を上げましょう」

若者たちの行動は共感を呼んだ。国会周辺で毎週行った抗議行動の参加者は回を重ねるごとに増えた。メンバーが国会に招かれ、法案を審議する委員会で意見を述べたこともある。法案に反対する母親たちでつくるグループが結成されるなど、学生以外の層にも刺激を与えた。シールズは

2015年の夏に開かれた安保法案に抗議する大規模集会を振り返る西原さん＝国会議事堂前

法案に反対する人々を象徴する存在だった。

西原さんは、結成間もない5月半ばから撮影を始めた。元々、それほど政治に関心があったわけではない。だからこそ、自分よりも10歳ほど年下の学生が政治の在り方に疑問を持ち、積極的に行動する姿に興味が湧いた。

密着を始めて感じたのは、シールズのメンバーはいわゆる「普通の学生」だということ。特定の支持政党を持たず、思想に偏りも過激さもない。「音楽やファッションに興味がある気のいい若者たちが、日本の未来のために立ち上がったんです」と振り返る。

安保法案は賛否両論が渦巻く中、9月半ばに成立した。シールズなどの抗議行動は実を結ばなかった。

ただ、西原さんは「政治について声を上げていいんだと、私たちが勇気づけられました。彼らの功績は政治参加のハードルを下げたこと」と力を込める。2時間45分に及ぶ映画は、シールズに影響を受けたさらに若い高校生世代が、繁華街で抗議活動を繰り広げる姿で締めくくった。

西原さんは、政治に不満の声を上げ続けた若者たちの姿と、大正時代に米の安売りを求めた漁村の女性たちに共通点を見いだしている。どちらも「普通の人」が居ても立ってもいられず行動を起こしたことで、民衆が持つ力を世間に改めて示した。「普通の人が勇気を出し、一歩を踏み出す。そうすることで社会は動くのかもしれませんね」

第７章　次代へつなぐ

水橋の郷土史家――「恥じゃない　誇りです」

富山市水橋西浜町の白岩川河口には大正時代、沖に泊まる蒸気船の貨物を小舟で積み降ろしする艀《はしけ》場があった。作業に従事したのは、女仲仕と呼ばれる地元の女性たち。そばにあった米倉から米俵を背負い、艀場の小舟まで運んでいた。小舟や米倉はもう残っていない。案内板と常夜灯だけが、かつて艀場だったことをしのばせている。

１９１８年7月上旬、この艀場で働いていた女仲仕たちが行動を起こした。米価が高騰して生活が苦しくなる中、倉に積まれた米を蒸気船が遠くへ運んでいくのを目の当たりにし、移出米を扱う米穀商に陳情に行った。「米をよそに出さんといてくれ」。リーダー格の女性に先導され、赤ちゃんを背負ったまま押し掛けた母親もいた。必死の訴えは何日も続けられたという。

「米がなくなるという不安感から、台所を預かるおかかたちは動揺したでしょうね」。河口付近を歩きながら、大村歌子さん（74）＝水橋川原町＝がつぶやいた。米騒動をはじめ水橋の歴史を40年ほど調べている郷土史家だ。

米騒動が起きる5年前に、立山軽便鉄道が滑川―五百石間で開業した。その影響で、水橋の米倉に届いていた米は滑川に運ばれるようになっていたという。艀場に集まる貨物が少なくなれば、仲仕の仕事も減る。「おかかたちは労働者としての悲壮感も抱えていた」とみる。

水橋に生まれ育った大村さん。地元の歴史や文学に興味を持ち、77年、水橋郷土歴史会に発足と同時に加わった。江戸時代から続く水橋の旧家「櫻井家」や、地元出身の童話作家、大井冷光に関する著作を刊行した。同会が89～２００７年にかけ、第５集までまとめた「水橋の歴史」の編集も担当した。

米騒動を巡る調査にも携わった。女仲仕だった女性に話を聞く機会こそなかったものの、米穀商の向かいに住み、陳情の様子を目撃した男性への聞き取りなどに取り組んだ。

当時、女性たちの行動を冷ややかに見る住民もいた。米穀商に陳情に行くため道を通ると、「関わりたくない」と戸を閉める家があったという。

その後も長く、米騒動を恥ずかしく思ったり、隠そうとし

艀場があった白岩川河口に立つ大村さん＝富山市水橋西浜町

たりする意識は残った。郷土歴史会の中でも、米騒動の歴史をひもとくことに否定的な人がいた。水橋出身者の結婚や就職に差し障りが出るのを心配してのことだった。

しかし大村さんは、女性たちが思い切って行動したことを評価すべきと考えている。「『どうなっているのか』と疑問を感じたおかかたちが、黙っていてはいけないと声を上げた。暴力的なこともしていない。恥ずかしいことなんかじゃなくて、誇りなんです」と力を込めた。

５月中旬、水橋ふるさと会館で行われた水橋中部まちづくり協議会の総会。「米騒動をテーマに」と依頼を受け、大村さんは会員約30人を前に講演した。発生から１００年の節目。地元で関心が高まっていると感じている。６月22日にはサロン梅の湯（水橋東天神町）でも座談会を開く。

郷土歴史会の先輩たちは少なくなった。住民に１００年前の出来事を語り継ぐ役割を、できるだけ果たしたいと思う。「しっかり伝えていかないと。水橋の歴史は米騒動抜きでは語れませんから」

◇

米騒動から１００年目の夏が、もうすぐ巡ってくる。その記憶を次代につなごうとする人たちの思いに耳を傾ける。

滑川の学芸員――何が起きたか感じて

滑川市立博物館の一室にある長机に、大正時代の新聞のコピーがずらりと並んでいた。富山日報、高岡新報、北陸タイムス（いずれも北日本新聞の前身）などの地元紙だけでなく、全国紙の写しも束になっている。合わせれば何百枚になるだろうか。

「数えてはいないですが、何千枚でしょうか」。学芸員の近藤浩二さん（40）が教えてくれた。同館が2018年7月28日から9月2日まで開く「米騒動100年　滑川から全国へ」を担当。滑川で起きた米騒動を中心に紹介する予定で、17年から本格的に調査や資料集めに奔走してきた。

机の上にあるコピーはごく一部。当時の社会情勢に理解を深めようと、地元紙は騒動の前後数年分をつぶさに調べた。県外での報道を知るため、全国紙や各地の地方紙も目を通した。その数は計数十紙に上るという。真摯《しんし》に資料に向き合う――。そんな姿勢を垣間見た気がした。

膨大な新聞のコピーを読み直す近藤さん
＝滑川市立博物館

10年前から同館に勤める近藤さん。専門は江戸中後期で、米騒動に詳しかったわけではない。5年ほど前に当面の展示計画案に思いを巡らせた時、18年に発生からちょうど１００年になることに気付いた。節目を迎えるタイミングで企画展を開かないわけにはいかない。研究したことのないテーマだけに不安はあったが、腹をくくった。

「知らないことだらけ」の史実に向き合うため、徹底的に読み直したのが、当時の新聞だった。米騒動に関する文献も新聞記事を引用しているものが多い。その〝原本〟を自分の目で確かめたかった。新聞以外にも県内に残る行政文書、個人の日記などを読み込んだ。

「体験者の聞き取りはもうできない。もう一度文字資料に立ち返るというのが自分の決めたやり方だった」と近藤さん。新たに得られた知見もあった。展示で紹介するつもりだ。

１９１８年8月上旬に起きた滑川の米騒動は6日夜にピークを迎え、２千人もの民衆が米穀商に押し掛けたとされる。県内では最大規模で、参加者の大半を男性が占めたという特徴がある。

こうした点から、近藤さんは「富山の米騒動は『女一揆』という言葉に収れんされるが、滑川の場合はその一面だけでは語れない」と考えるようになった。都市史や民衆社会史を専門とする大学教授らに研究協力を仰ぐことで騒動を俯瞰《ふかん》的に見つめ、男性が多く加わったことや規模が膨れ上がった背景にアプローチしようと試みている。

全国を見渡しても、米騒動をメインに据えた企画展は過去にほとんど行われたことがないという。参考になる前例はなく、米騒動の様子を記録した写真も極めて少ない。そうした制約の中で、「１００年前の滑川で何が起こったのか感じてもらえるようにしたい」と工夫を凝らす。当時の滑川の街並みや風景、米の積み出しの様子を捉えた写真など、ビジュアル資料をできるだけ用意。博物館を飛び出し、米倉や米穀商の家屋、騒動の際に人々が通った路地裏の小道など、現存するゆかりの地を巡る見学会も開く予定にしている。「米騒動を振り返り、考えてもらうきっかけになれば」と近藤さん。開幕まで１カ月余り。準備を急ピッチで進めている。

米倉のまち――地区を挙げ歴史発信

初夏の日差しを受けた海は、群青色に輝いていた。５月末、魚津市本町の大町海岸に大型バスが止まり、次々と人が降りてきた。金沢から訪れた約50人の団体客が、米騒動の現場となった旧十二銀行米倉を見て声を上げた。「すごい建物」「そんだけ米が貴重やったんでしょ」。初めて取材に訪れた半年前、静かな冬景色の中で見た米倉とは対照的なにぎわいを見せていた。

「魚津の米騒動は暴力ではなく、話し合いだったんです」。資料を手に熱っぽく語るのは、今年設立20周年を迎えた魚津観光ボランティア「じゃんとこい」会長の前澤律子さん（70）。米倉の壁面に掲げられた十二銀行の行章など、特徴を丁寧に説明する。参加者の質問に答えながらバスの乗車口まで見送り、発車後も手を振り続けた。

魚津で生まれ育った前澤さん。ＪＡうおづに37年間勤務し、定年退職後は市内の公民館で働いた。郷土教育の一環として、小学生が地域の史跡を巡る催しなどを企画。地元愛が高じ、５年前から観光ボランティアを始めた。

米騒動は教科書で習った程度の知識だった。ボランティアの先輩や地元の研究家から、魚津の米騒動は暴動ではなく、明治時代に制定された貧民救済制度の発動を求めた交渉であると聞いた。「全国の先駆けとなる制度や、米を食べさせたいという女性たちの家族愛。こうした誇るべきことを語り継ぎたい」。強く思うようになった。

１００年の節目で注目が集まり、「米倉を見たい」という問い合わせも増えてきた。11月に県内で開かれる「ねんりんピック」は、全国から集まる人に米騒動ゆかりの地をＰＲする絶好の機会とみて、バス２台を用意。希望者を米倉に案内する計画だ。

米倉のある大町地区は、かつては市役所や水族館が建つ市の中枢だったが、これらの移転に伴い、次第に活気が失われた。住民の46%が65歳以上と市内で最も高齢化が進み、大町小学校も少子化のため2018年3月に閉校した。

沈滞する地域にとって、米倉周辺の熱気はにぎわいづくりのチャンス。大町地域振興会理事長と大町公民館長を兼任する平内幸典さん(76)は「多くの人を呼び込みたい」と意気込む。「米騒動発祥の地」と書いたのぼり旗を作り、米倉周辺に立てる予定だ。

7月にはドキュメンタリー映画「百年の蔵」が公開される。米騒動を後世に伝える市民有志が企画し、米倉周辺でもロケが行われた。大町公民館などは「一部で盛り上がる

米倉の前で魚津で起きた米騒動について説明する前澤さん(左)＝魚津市本町

「米騒動発祥の地」をＰＲするのぼり旗を掲げる平内さん

のではなく、住民一人一人の参画意識を高めよう」と、1世帯当たり300円の協賛金を集めることを決定。徐々に関心が高まり、お金も集まってきた。「米騒動のおかかに通じる結束力がわが町の自慢」と平内さん。地区を挙げて誇るべき歴史を発信する。

４人目の男――民衆の勝利　語り継ぐ

「女が主役の米騒動だが、それを記し、語り継いできたのは男たちだ」。ジャーナリストの向井嘉之さん（74）＝富山市＝が力を込めた。3月上旬、県民共生センター（同市湊入船町）の会議室で、6月9日開催の米騒動100年記念フォーラムの実行委員が顔を合わせた。向井さんは、中心メンバーの1人だ。

フォーラムのテーマは「女一揆　魂を揺さぶられた越中の男たち」。女性たちのエネルギーに触発され、米騒動を記録した3人の男たちの足跡を振り返り、騒動の意義や真相に迫るのが狙いという。

「日本之下層社会」で知られる魚津市出身のジャーナリスト、横山源之助（1871―1915）は、明治期に魚津で起きた米騒動を取材し雑誌に発表した。高岡新報の主筆、井上江花《こうか》（1871―1927）は、1918（大正7）年の米騒動で全国に記事を配信。言論弾圧にも屈せず権力に抵抗した。朝日町出身の社会評論家、細川嘉六《かろく》（1888―1962）は米騒動を先駆的に研究し、国内で初めて詳細を発表した。3人に共通するのは、「民衆」に寄り添う視点だ。

向井さんは長年、北日本放送でキャスターや記者をしていた。米騒動に関わり始めたのは20代の頃。番組の取材で魚津や水橋を訪れ、騒動の目撃者らに話を聞いた。初めは暴力で米を強奪した印象を持っていたが、実際には値上がりが続く米の廉売要求だったことが見えてきた。「家族の生活を守ろうとする女たちの切実な抗議行動は、モラル・エコノミー（道徳的な経済行動）に他ならない」

県内では明治時代から米騒動が繰り返し起きていたことも知った。当時はセーフティーネットがなく、貧民の増加で下層社会が形成されたことが背景にあった。特に漁村は収入が不安定で貧しかった。大正7年の騒動は新聞報道で全国に広がり、明治から続く藩閥政治を打破した。「米騒動は民衆意識がピークに達した近代史上最も高い『峰』だった」とみる。

フォーラムで米騒動の意義や背景について語る向井さん＝富山県民共生センター

向井さんにとって、米騒動と同様に特別なテーマがある。イタイイタイ病だ。記者時代、苦しみもがく患者を目の当たりにして衝撃を受け、現在は「イタイイタイ病を語り継ぐ会」代表を務める。

今年は患者と遺族が原因企業を提訴し、国が初めてイ病を公害病と認定してから50年の節目でもある。日本の公害対策に新たな道筋をつけた画期的な出来事とされる。向井さんは、〝民衆の勝利〟という点で米騒動と類似していると考える。「明治維新から50年刻みで、米騒動、イ病公害認定という民衆史上の大きな出来事が富山で起きた。不思議な巡り合わせを感じる」

フォーラム当日、会場は予想を上回る２５０人の聴衆で埋まった。向井さんがコーディネーターを務め、細川嘉六ふるさと研究会代表の金澤敏子さん（入善町）、横山源之助に詳しい魚津歴史民俗博物館長の麻柄一志さん、井上江花の生涯を著書にまとめた北日本新聞社相談役の河田稔さん（黒部市）が登壇。「連帯して声を上げることは今の世でも大切」「民衆の視点に立ち公権力を監視したジャーナリズムの役割は大きい」など、活発な意見が交わされた。

討論の締めくくりに、向井さんがマイクを握った。「騒動という言葉が暴動というニュアンスを与えてきたが、『女の世直し』であることを語り継いでいきたい」。ひたむきに語る姿は、騒動の意義を伝え広める〝４人目の男〟になっていた。

映画構想――現代に通じるテーマ

かつて漁師町だった街並みを歩き、米倉があった艀《はしけ》場にたたずみながら思いを巡らせた。「ここに生きたおかかたちは、何を思ったのか。行動範囲も狭いし、ただひたすら日々の暮らしを守ろうとしただけなんじゃないか」

富山市出身の映画監督、本木克英さん（54）は２０１７年夏、脚本家とともに米騒動の起きた水橋、魚津、滑川を訪れた。脚本づくりに必要な取材のためだ。温めてきた米騒動の映画構想の実現に動き出した。

本木さんを米騒動の映画化に導いたのは女性たちだ。

高校教師だった母の英子さん（83）は女性の社会運動に関わってきた。その影響で家の書棚には米騒動に関する本が並び、中高生の頃から人並み以上の知識を持っていた。

ミニシアターの先駆けである岩波ホール（東

米騒動の映画化に向けた意気込みを語る本木さん＝東京都内

京）の総支配人で黒部市ゆかりの故高野悦子さんには、「いつか米騒動の映画を作りなさい」と言われた。松竹で初めて監督した１９９８年、お蔵入りになりかけたデビュー作の公開を働き掛けてくれた恩人。理由を尋ねると、日本の女性が最初に起こした市民運動だからと教えてくれた。「高野さん自身、良心的で志ある映画を世に広める先駆者だった。米騒動に重なるものを感じていたのかも」と想像する。

滑川市出身の女優、室井滋さんとの対談で「米騒動の映画、いいじゃない」と背中を押されたことも。現在、ともに動いてくれているプロデューサーと脚本家も女性だ。

２００２年、富山を舞台に撮影した「釣りバカ日誌13　ハマちゃん危機一髪！」が大ヒット。いつか再び古里でメガホンを取りたいと思ってきた。おわらや売薬など、いくつも構想がある中で米騒動を選んだ。１００年という節目に加え、「いま映画にする意義、世に問うべき現代的なテーマが見えたから」。それはメディアと社会の在り方だ。

脚本づくりの取材で、地方史研究家の紙谷信雄さん（魚津市）や滑川市立博物館の近藤浩二学芸員ら、米騒動に詳しい人たちに話を聞いた。その中で、新聞の存在に注目した。

おかかたちの嘆願行動を、当時の新聞は「女一揆」「米屋を襲う」などとセンセーショナルに報じた。米価高騰に苦しむ民衆の側に立ち、無策な政権を批判したジャーナリズムの面だけではなく、「読者の日を引き、購読者を増やそうという意図もあった」と本木さん。そうした報道が社会の不満を噴出させ、全国的な暴動という彼女らが夢にも思わない展開になった。神戸市で起きた鈴木商店の焼き打ちは、「鈴木が米を買い占めている」という噂に同調した一部の新聞報道がきっかけで起きたとされる。「新聞がヒステリックな群集心理をあおったことで、米騒動は歴史的な大事件になった」。情報の真偽を見極め、考えて行動する姿勢は、現代にも問われることだと考える。

本木監督といえば、娯楽映画の作り手。米騒動もドキュメンタリーではなく、人間の素直さや愚かさを群像劇で見せ、「コメディー要素のある社会派エンターテインメント」に仕上げるつもりだ。

17年3月に松竹を退社し、フリーになった。脚本の第1稿は既に完成。１００年の節目のうちに撮影に入りたいと考えているが、全国公開のための配給会社や出資者が決まっておらず、現在はプロデューサーが探している段階だ。

大正時代を描く映画はほぼ前例がない。18年6月公開の「空飛ぶタイヤ」のように、人気の原作があるわけでもない。「新しいことには抵抗が多いが、僕は面白いものになると思っている」。あとは舞台となる地元の応援が、映画が成功する最大の力になると期待している。

朗読会——女たち思い　自ら鼓舞

「私は大正7年の魚津の米騒動に出ておったものです」「子どもは腹が減って泣くし、私らは毎日、体の中から何か痛みが突き上げてくるような気持ちでおりました」

声楽仕込みの張りのある声が公民館に響いた。米騒動を描いた短編小説「浜に立つ女たち」の朗読会が5月下旬、魚津市六郎丸の晴海ケ丘団地であった。読み手は、小説の作者で声楽家の大成勝代さん(73)＝同市相木。おかかの魂が乗り移ったように情感を込めて読み上げた。

朗読会は、団地の女性グループが米騒動１００年にちなんで開いた。目を閉じたり、うなずいたりしながら、聞き入る。約45分間の朗読が終わっても余韻に浸り、「よほど切羽詰まっていたんだろうね」と目を潤ませる人もいた。

「浜に立つ女たち」は10年前に出版した。大成さんにとって、初めての小説だ。

１９４５年、満州で生まれた。父は戦死し、終戦後に母の実家がある魚津へ引き揚げた。住まいは米騒動の現場の近く。当時、騒動は恥ずべきこととして語られ、「漁師のおかかどもは鬼だ」という人までいた。しかし実際、周りの漁師やその子どもはいい人ばかりだった。「いつの間にか負の歴史としてゆがめられていったのでは」。芽生えた疑問を、ずっと抱えていた。

大学で声楽を学び、音楽教諭として38年間、県内の高校に勤務。定年退職を機にNPO法人「米蔵の会」（慶野達二代表）の前身である「米騒動を知る会」に入会した。語られてこなかった騒動の姿を、じっくり探ろうと思った。

知る会は郷土史家らを講師に招いたフォーラムを連続で開いた。参加するうちに、米騒動の客観的事実を知るだけでは、その時代の人々の思いは見えないと思い始めた。「女性や庶民が騒動をどう感じ、その後どう生きたかを表現したい」。地元で育った自分なら描けると、筆を執った。

小説は6編の物語によるオムニバス。米騒動に参加した女性のほか、騒動に加わった家庭の子どもを見守る小学校の教諭、貧しい漁民らのために市内初の保育園をつくった女性らが登場する。モデルは魚津に実在した女性たちだ。

最終章は、米騒動の年に魚津の漁師町で生まれた女性の実話を描いた。女性は少女の頃、東京の奉公先で「魚津の女たちは偉かった。おかげで日本の国が良くなった」と聞かされる。夫が戦死してからも、その言葉を胸に刻み、故郷で保育士をしながらわが子を育てた。

「浜に立つ女たち」を手に、おかかたちへの思いを語る大成さん＝魚津市相木

浜から響く荒波の音を聞き「頑張らないでどうする」と自らを鼓舞した。子を思い、夫を思い、我を忘れて立ち上がった米騒動の女たちの底力を思いながら。

小説は、こう結ぶ。「『米騒動』は歴史のなかで遠くなる。しかし、この浜に立つ魚津の女性たちの、生真面目な努力が止《や》むことはない」

今年に入り、大成さんのもとには朗読会の依頼が次々と舞い込んでいる。小学校や図書館など、予定を含めて20カ所以上に上る。

朗読を聞いた人からは、共感の声が寄せられる。「強く優しいおかかたちの行動力に勇気づけられた」「貧しかった自分の幼い頃と重なり、親の苦労が分かった」「世を変えた全国に誇るべき歴史を、もっと詳しく知りたい」…。

世の不条理や困難に、ひるまず声を上げた大正のおかかたち。その魂は１００年の時を超え、未来へと引き継がれていく。

米騒動再見　発生から100年

近藤　浩二（滑川市立博物館学芸員）
能川　泰治（金沢大人間社会研究域教授）
藤野　裕子（東京女子大現代教養学部准教授）
浦田　正吉（元富山県立図書館副館長）

「北日本新聞」文化面　2018年7月26日〜9月1日　全12回連載

報道件数「滑川」が最多――大阪から新聞特派員

滑川市立博物館学芸員　近藤　浩二

富山から全国に広がったとされる米騒動がことし、発生から１００年の節目を迎えた。滑川では「米騒動と言えば滑川」と思っている人が少なくない。教科書や書籍などでは魚津や水橋地域（現富山市）を〝発祥地〟とする記述が多くを占める中で、滑川市民に今もこうした意識が息づく意味を考えてみたい。

米騒動は、１９１８（大正７）年６月下旬から７月上旬にかけて東水橋町で始まったとされる。７月下旬以降、県内各地で少しずつ広がっていったが、この時点では富山県という一地方における一種の慣習的な出来事にすぎなかった。

端境期直前の夏季は、不漁期と重なる。以前から、この時期に米価が高騰すると、県東部では漁師一家をはじめとした下層社会の女性たちを中心に、米の安売り（廉売）や積み出し（移出）停止要求などの運動が幾度となく起きていた。いずれも哀願運動のようなもので、暴動や略奪ではなかった。

７月下旬から８月初頭にかけての騒ぎは、十数人～１００人規模、少し大きくても２００人といった程度。地元紙は騒動を取り上げたが、ごく一部の例外を除いて県外で報じられることはなかった。

ところが、北日本新聞の前身「高岡新報」は8月3日の西水橋町の騒動を4日付で報じて以降、積極的かつ克明に報道し、電報や電話で全国各地に情報を送った。夕刊紙の高岡新報は夜の騒動を翌日付で掲載でき、日刊の他紙よりいち早い報道が可能だったこともあり、米騒動報道をリードしていく存在になる。

4日の東水橋町、5日の滑川町と騒動が続くと、高岡新報は6日、滑川町に特派員を送り込んだ。そしてこの日に県内最大の2千人規模の米騒動が起きることになる。高岡新報だけでなく、「大阪朝日新聞」も7日から滑川へ記者を派遣した。これによって滑川の米騒動は、高岡新報系と大阪朝日系の情報が全国へ飛び交うことになった。

8月上旬の県内の米騒動が全国でどう報じられたかを調査したところ、事件報道として一切扱っていない新聞も散見されたが、社説・論説記事を見る限り、情報自体は把握していたことがうかがえる。

当時、新聞社は130社以上存在していた。そのう

昭和前期の米の積み出し風景。米俵を小舟で運び、沖合にある汽船に積み替えた＝滑川の海岸（滑川市立博物館蔵）

ち紙面が現存し、富山県の米騒動を事件記事として報じたことが確認できた52紙を見てみると、滑川の騒動を扱った記事が89件、東西水橋町は60件前後、富山市21件、魚津18件と続く。この数字からも分かるように、この時代を生きた人々の脳裏には「米騒動＝滑川（ないしは水橋）」といったイメージが深く刻み込まれたことは想像に難くない。

滑川を米騒動の〝発祥地〟だと唱えるつもりは毛頭ない。ただ一つ言えるのは、時代の大きな画期となった出来事に対し、当時の人々の記憶の中に強烈な印象を与えたのが滑川だったということである。このことが今も「米騒動と言えば滑川」と市民に語り継がれ、記憶されてきた意味ではないだろうか。

1918年８月に富山県の米騒動を報じた各地の新聞。見出しでも「滑川」の文字が目を引く

近藤浩二（こんどう・こうじ）
１９７８年神戸市生まれ。愛媛大大学院法文学研究科修了。尼崎市立地域研究史料館を経て２００８年より現職。専門は日本近世史。企画展「米騒動１００年　滑川から全国へ」を担当。

漫画家・岡本一平――廉売の実情　風刺

金沢大人間社会研究域教授　能川　泰治

明治後期から昭和の戦前にかけて活躍した岡本一平（1886〜1948年）という漫画家をご存じだろうか。妻は作家の岡本かの子、長男は「太陽の塔」などで有名な芸術家の岡本太郎である。

一平は1918（大正7）年に発生した米騒動をテーマにした作品を発表している。有名なのが、1927（昭和2）年に『明治大正の文化』に掲載された「大正七年米騒動」で、かつては教科書にも掲載されていた。

だが、一平が描いたのはこれだけではない。米騒動発生直後の新聞（東京朝日新聞8月27日付）に「一家総動員」というタイトルの漫画漫文を掲載している。作品に書き込まれた漫文は次の

岡本一平画「大正七年米騒動」（『明治大正の文化』博文館、1927年）

ようなものだ。

「相当の暮し向きをする商人なるに拘《かかわ》らず、この際廉売米を買はねば大損でもするやうな騒ぎ、一家中ご隠居までも狩出して果敢《はか》なき買占めの魂胆、家族をにせ窮民に仕立て行列に混《まじ》らせた参謀長の妻君曰《いわ》く『お銭《あし》をおっことしちゃいけないよ、それから家同志の者で成るたけ口を利かないやうに』」

スケッチしているのは、米価暴騰対策として全国の自治体によって実施された米の廉売（安売り）である。さほど困窮しているわけでもなさそうな家族が、窮民になりすまして、廉売所の行列に紛れ込んでいる。互いに口を聞くことのないように指示する「参謀長の妻君」、すなわち家族の中の指揮官という意味で揶揄《やゆ》的に描かれた妻女のせりふは、家族構成

岡本一平画「一家総動員―米廉売所見―」（『東京朝日新聞』1918年8月27日）

員を別世帯に見せかけて、少しでも多くの安価米を買い占めようとする、したたかな魂胆を匂わせている。

この漫画漫文は廉売を巡るさまざまな問題をリアルに捉えて風刺している。1918年8月から始まった東京市による廉売は、区役所ごとに困窮者に割引購入券を配布し、廉売所で安価米を購入させるものだったが、実施した途端、さまざまなトラブルが発生した。

例えば困窮者を装って廉売所に紛れ込み、高額紙幣で安価米を大量に買い込む者や割引券を買い占めて困窮者に売りつける者がいることが、新聞記事でしばしば報じられている。ちなみに富山県内でも、富山市役所から地域有力者に預けられた割引券が、その子弟によって換金されていた事実が9月に摘発され、地元紙で大きく報道された。

一平は「もう一つの米騒動」とも言うべき米の廉売を巡る騒動にも注目していたことが、作品からうかがえるのである。

漫画家・岡本一平

能川泰治（のがわ・やすはる）
1966年大阪府生まれ。大阪大大学院文学研究科博士課程単位取得満期退学。金沢大文学部助教授を経て2013年より現職。専門は日本近現代史。企画展「米騒動100年　滑川から全国へ」の協力者。

政治集会から「暴動」に

東京女子大現代教養学部准教授　藤野　裕子

１９１８（大正7）年7月から始まった米騒動は、8月5日に全国紙が報じたことをきっかけに各地に広がった。8～11日には近畿、中国、四国、東海地方に、12日～16日には関東、東北、九州北部に、17日以降には九州南部にまで騒動の波は及んだ。発生件数は12～16日が最も多く、17日以降は九州北部の炭坑を中心に米価争議暴動が多発した（歴史教育者協議会編「図説米騒動と民主主義の発展」）。

富山で始まった当初の米騒動は、米の移出（積み出し）阻止や廉売（安売り）の嘆願が中心的であったが、全国に広がるにつれ、騒動は様変わりしていった。

東京や大阪などの大都市では、公園などで政治集会が開かれ、群衆化した参加者が警官と衝突したのをきっかけに、騒動へと発展した。当時の風刺画は、大阪市の警察が人々の集団歩行に、過剰に警戒している様子を描いている。

大都市の米騒動に特徴的なのは、米価問題とは無関係に思える行動が多いことである。東京の米騒動でも米屋への廉売要求が行われたが、人々の行動はそれだけではなかった。銀座や浅草の大通りを練り歩き、通り掛かった路面電車を止め、自動車に石を投げた。遊郭の大見世に放火を試みてもいる。

このように一口に米騒動といっても、地域によって行動形態が大きく異なった。その差異には、各地域の特性（労働形態、文化、歴史など）がよく表れている。

水橋や魚津での米騒動は、女性の港湾労働者や漁師の女房たちのつながりの中で始まったが、大都市の米騒動では、政治集会を機に群衆状態がつくられた。人々の日常的なつながりが、地方と大都市では大きく異なったためである。

加えて大都市では、１９０５年の日露講和反対運動の時期から、政治集会を契機とする暴動が頻繁に起きていた。この歴史が米騒動の発生のしかたに引き継がれていた。

大都市での一見無秩序に思える破壊行動にも、一定の論理があった。襲撃された自動車

警察が集団行動に過剰に警戒する場面を風刺した、北沢楽天画「集団歩行の禁止」（『大正前期の漫画』より）

や遊郭の大見世は、騒動の担い手となった若い男性にとって富裕層の象徴であった。襲撃は無秩序ではなく、日常生活の中でたまった上層階級への不満に基づいていたのである。

このように、米騒動は全国に広がる過程でさまざまに姿を変えた。それは、各地域の社会のあり方やその地に根付く抗議行動の歴史が、騒動に映し出されていたためである。今年は米騒動１００年。今住んでいる地域や郷土、職場など、なじみのある土地の歴史とそこでの米騒動について調べてみると、きっと新鮮な発見があるだろう。

藤野裕子（ふじの・ゆうこ）
１９７６年神奈川県生まれ。早稲田大学大学院文学研究科博士後期課程単位取得退学。博士（文学）。著書に「都市と暴動の民衆史　東京・１９０５―１９２３年」（有志舎、２０１５年、第42回藤田賞）。企画展「米騒動１００年　滑川から全国へ」の協力者。

中流層の生活難も影響

滑川市立博物館学芸員　近藤　浩二

1918（大正7）年8月5日から滑川町の米騒動は始まる。4日夕方、米肥商宅に数名の主婦が嘆願に来ていたという証言も残るが、ここでは5日を始点としておく。

漁師町に住む主婦約50人が口火を切った。米肥商宅などに米の安売り（廉売）や県外積み出し（移出）停止を哀願して回るうちに、男性の野次馬《やじ》も加わり300人ほどの集団となると、新興の米肥商宅に行き着き、路上に土下座、正座して哀願したという。

6日になると、事態は大きく動き出す。日中から汽船への移出阻止、町役場への嘆願行動があり、また前日に起きた東水橋町の事件で連行された関係者の釈放を求める水橋の人々も滑川町へなだれ込んできた。夜になると前日の新興米肥商宅や米肥会社支配人宅へ最大で2千人ともされる人々が押し掛け、怒号や罵声を放った。

7日も同様に米肥商宅などに押し寄せたが、このとき警察は激しい言動を取る者をチェックしてリスト化している。翌8日の日中には再び汽船への移出阻止行動が起きた。また警察は前日のリストをもとに町民を召喚するが、一部を留置したことが町民の怒りを買い、この日の晩は米肥商宅に加え、警察署にも人々が押し寄せ、切迫した状況にあったという。

９日朝に留置者全員が釈放され、10日から廉売が始まることもあり、滑川の米騒動は８日をもって収束した。

６日に県内最大規模の騒ぎにまで発展したのは、中流層の男性参加が理由だったことを、富山県から内務省への報告文書に見ることができる。

「婦女子僅少《きんしょう》（約百名）ナルニ反シ中産階級（羽織ヲ着スル者、巻煙草ヲ喫スル者等）、又ハ智識階級（学生風、会社員風等）ノ者頗《すこぶ》ル多ク所謂《いわゆる》細民又ハ窮民ト目スヘキ者少ナカリシハ変調ヲ来シタリト認ムヘキ特色ナリト信ス」

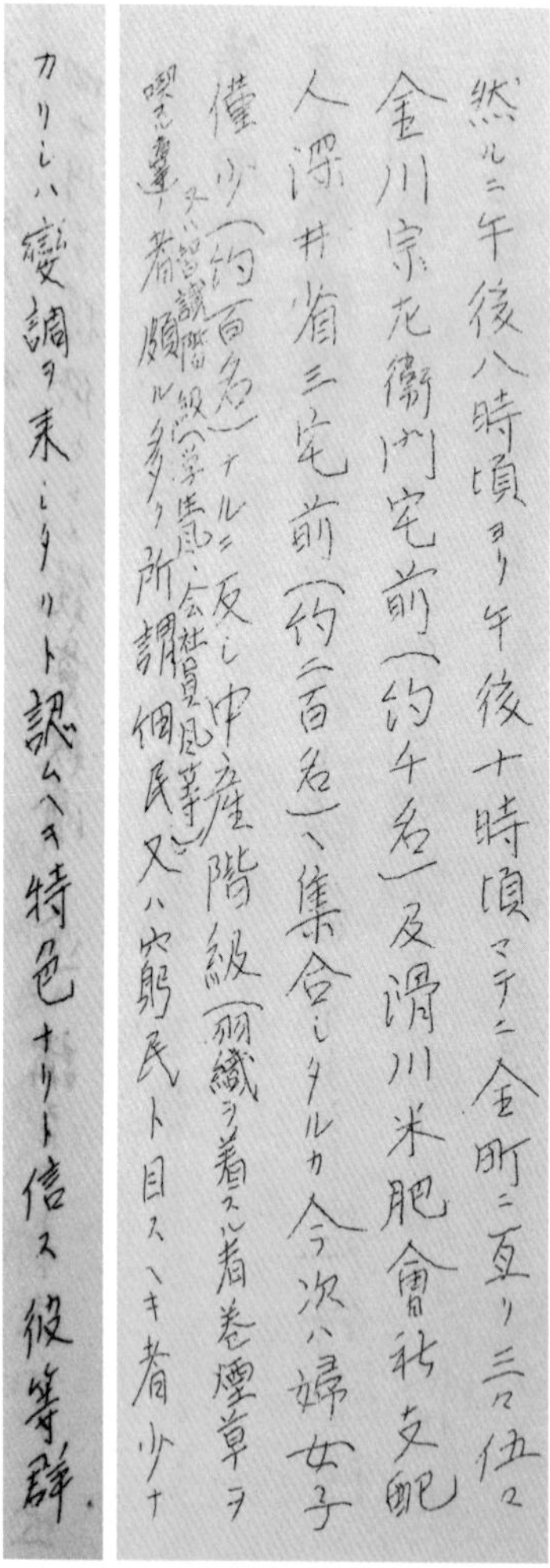
然ルニ午後八時頃ヨリ午後十時頃マテニ全所ニ亘リ三ロ伍ロ
金川宗左衛門宅前（約千名）及滑川米肥会社支配
人深井省三宅前（約二百名）ヘ集合シタルカ今次ハ婦女子
僅少（約百名）ナルニ反シ中産階級（羽織ヲ着スル者巻煙草ヲ
喫スル者等）又ハ智識階級（学生風会社員風等）ノ者頗ル多ク所謂細民又ハ窮民ト目スヘキ者少ナ
カリシハ変調ヲ来シタリト認ムヘキ特色ナリト信ス　彼等群

中流層の男性が参加した記載がある「帝国ニ於ケル暴動関係雑件」第２巻（外務省外交史料館蔵）

下層社会だけではなく、当時、社会問題化していた中流層の生活難というものが、米騒動の拡大に影響を与えていた。では、この中流層の人々はどのような形で騒動に参加していたのだろうか。当時、魚津中学校教諭だった齊藤一二という人物の日記に一例が示されている。

「入浴後、晒屋《さらし》ニ行ク、数百人金川方へ押寄セ居タリ、就寝十時」

彼は最前線に出て行くのではなく、野次馬として遠巻きに見物していただけと思われるが、このような存在が騒動拡大化の一因なのだろう。

しかし、他の中流層が実際に取っていた行動はほとんど把握できていない。検討の余地はまだまだ多分にある。

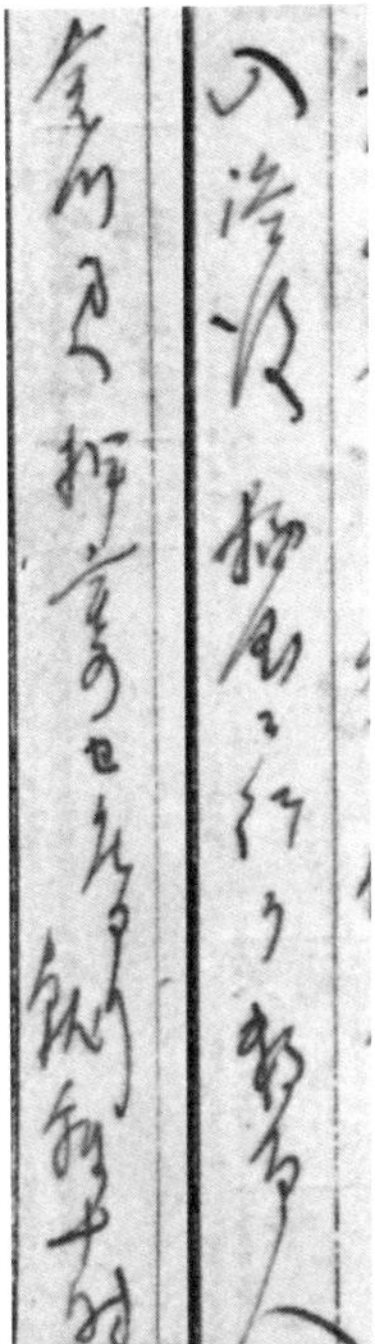
入浴後に野次馬的に騒動を見に行ったことが記された「齊藤一二日記（8月6日条）」（滑川市立博物館蔵）

重大事件の感覚薄く

元富山県立図書館副館長　浦田　正吉

１９１８（大正７）年の夏、富山県に端を発した米騒動は全国各地へ広がった。そのため、この年は米騒動だけで語られてしまいがちだが、当時を生きた人々にとっては、それが全てではない。

そこで、当時滑川町助役だった城戸與吉郎（１８６５〜１９４２）の自叙伝「世路手記《せろしゅき》」から、１９１８年を垣間見てみようと思う。「世路手記」は、明治・大正期の富山県の歴史、特に滑川の歴史を知るには必読の書である。城戸はいったい何を記述していたのだろうか。

豪雪　１９１７年1月に引き続き、同年末から翌18年にかけても豪雪となった。この両年は１８９１、92年以来の豪雪だった。

立山製紙会社の位置　2月に立山軽便鉄道の重役たちが発起して、板紙製造の立山製紙会社を滑川町に設置することを計画した。発起人らは本社敷地を滑川町から全部寄付させるか、安価に買収することを基本方針としていた。町会議員を集めて懇談会を開くが、反対者がいてまとまらず、結局その位置は五百石町に決定した。すると、滑川町の株主たちは一斉に不同意を唱え、その持ち株を放棄した。

北陸電気工業開業式　5月、北陸電気工業のカーバイド工場が滑川町で開業式を開いた。橘林太郎社長は、工場設立に尽力した城戸らの数人に対して銅器の花瓶などを贈った。

県米穀協会総会　7月、櫟原《いちはら》神社境内で井上孝哉県知事も出席して、富山県米穀協会総会が開催され、その接待に城戸は奔走した。

米騒動　8月、米価暴騰により1升が37銭までに値上がりした。5日午後8時ごろから、貧しい漁師の婦

城戸與吉郎（「富山自治」1929年3月号より、富山県立図書館蔵）

城戸の自叙伝「世路手記」。米騒動発生当時は大戦景気に沸き、企業活動が活発だったことがうかがえる（個人蔵、滑川市立博物館寄託）

人約100人が米穀商宅らに押し掛け、移出米の浜出し停止を哀願したことに始まる米騒動と、安売りなどの救済策の実施について記されている。

立山水電起工式　城戸は、土木請負業者の加藤金次郎のため、立山水電重役だった石原正太郎代議士に依頼し、同会社と加藤組との契約を仲介した。また上市町で起工式を予定していたが、町繁栄を策する城戸は滑川町で挙行するよう迫った結果、9月に櫟原神社境内遊園地で執り行われた。

籐表製造4工場の合同策　12月、滑川町の特産品だった籐表製造事業発展のため、町内4工場の合同策を提案し、城戸が何度も業者と協議したが、会社規模の差などから、合同は実現しなかった。

城戸は、米騒動をことさら重大事件として扱っておらず、淡々と記述している。18年は米騒動の年だったが、むしろ第1次世界大戦による「大戦景気」に沸く中で、滑川町発展のため、企業誘致や企業合同に熱を注いでいたのである。

浦田正吉（うらた・しょうきち）
1946年滑川市生まれ。金沢大法文学部卒業後、高校教員として勤め、富山県公文書館資料課長、富山県立図書館副館長などを歴任。企画展「米騒動100年　滑川から全国へ」の協力者。

米高騰で農村一時豊か

元富山県立図書館副館長　浦田　正吉

1953（昭和28）年に滑川町と中加積や東加積など6村が合併し翌54年に滑川市が誕生して、ことしで65周年になる。米騒動の発生地だった滑川町と、周辺の村々は、どんな関係だったのだろうか。江戸時代の滑川町は、大名の参勤交代のための宿場として北陸道に張り付いた浜辺の一街村だった。浜には、艀《はしけ》と呼ばれる小舟を使って大型船に米を搬送する港湾作業員や日雇いの労働者たちが暮らしていた。彼らの生業《なりわい》は漁業で、鮮魚や干物類は町民のみならず、後背地の農村や山村地帯へ行商で供給されていた。

町には、漁民らに日用品を供給する商人がいた。荷役などの作業を担う漁民がいなければ商売は成り立たなかった。有力商人たちは定置網の網元として資本を提供し、町と漁村は不即不離の関係にあった。

滑川町を扇の要とし、南側の山地に向かって、放射線状に道路が整備され、その道路を「ヒト・モノ・カネ・情報」が行き交った。滑川町の後背地に位置する周辺の村々は、農具・肥料やその他必要な物資を町で求めていたため、町の繁栄は農村の生産の豊凶に左右されていた。一方、村の住民は鮮魚や干物を浜から購入していた。

さらに後方にある山村は、生産力が低く、凶作に苦しんだ。明治末には北海道への移住などで人口の流出が進み、町方から借金する者もいた。他方で、薪や炭などの燃料、木材や鉱産物の供給地として、山方は当てにされていた。

このように、浜、町、村、山方は相互に助け合いながらも、生活基盤が違うことから互いを理解しにくい面もあり、反発することも多々あった。山方の東加積村が、滑川市への合併に当初反対だったのは、町方への屈折した心情の表れだったのだろう。

１９１８（大正７）年の米騒動の頃を振り返ると、米価の高騰で町や浜は苦しんでいたが、村々は生産米の高騰で豊かになり、米騒動に対しては冷ややかで同情的ではなかった。農村では「生産米を

農村の好況ぶりを風刺した「田舎の時代化」（「宮武外骨此中にあり」25「赤」６号より）

売却用に倉にしまい込み、自家用に外米を食べている」「高価な仏壇を買い求めている」「農家の預金高が異常に増えている」といった記事が当時の新聞に載っている。

この前後、村では石造りの神社の社標、鳥居、燈籠《とうろう》などが盛んに奉納されている。老朽化していた学校の新築も相次いだ。

米騒動から2年後、米価の大暴落よって再び、農村は不景気の時代に入る。やがて昭和の深刻な農村恐慌の時代に移行していくのだった。

米価暴騰で外米供給

金沢大人間社会研究域教授　能川　泰治

米価暴騰対策としての廉売で、どのような米が供給されていたかご存じだろうか。廉売所で供給されたのは、主として「南京米」または「外米」、あるいはその原産地からラングーン米やサイゴン米（以下、外米）と呼ばれた東南アジア原産の米であった。

この外米は概して不評であった。例えば、滑川の米騒動に参加したある女性の証言によれば、騒動後に役場へ買いに行った「南京米」は、ぱらぱらで油臭くて食べられたものではなかったという（大谷晃一『女の近代史』講談社、１９７２年）。

ただし、このことは、質の粗悪な米が持ち込まれたことを意味するのではない。１９１８（大正７）年に米騒動が発生した時には、日本米とは種類の異なる米が大量に輸入されていたのである。日本米は粒が楕円形で粘り気のあるジャポニカ米という種類に属するのに対し、外米は粒が細長くて粘り気の乏しいインディカ米という種類の米であった。かつて「平成の米騒動」の際に出回った、タイ米と同じ種類の米である。

しかも、その原産地での一般的な炊飯方法は、パスタをゆでるのと同じように、大量の湯でゆでて、柔らかくなったら湯切りして蒸らすというものであった。ところが、当時の日本には原産地の食文化が伝わっていなかったため、その食感は不評だったというわけである。

ところで、外米はどのような事情で日本に持ち込まれたのか。実は明治後期になると、都市人口の増加や、農村にまで米穀消費が拡大したことにより、日本米の供給が需要に追いつかなくなってきた。その結果、米価は頻繁に上昇するようになり、その都度安価な海外の米穀が、困窮する庶民の代用食として持ち込まれてきたのである。まずジャポニカ米に属する朝鮮米が持ち込まれ、その供給量が限界に達したときには、外米が輸入されていたのである。

そして大切なことは、外米の原産地、特にビルマとベトナムは、それぞれイギリスとフランスの

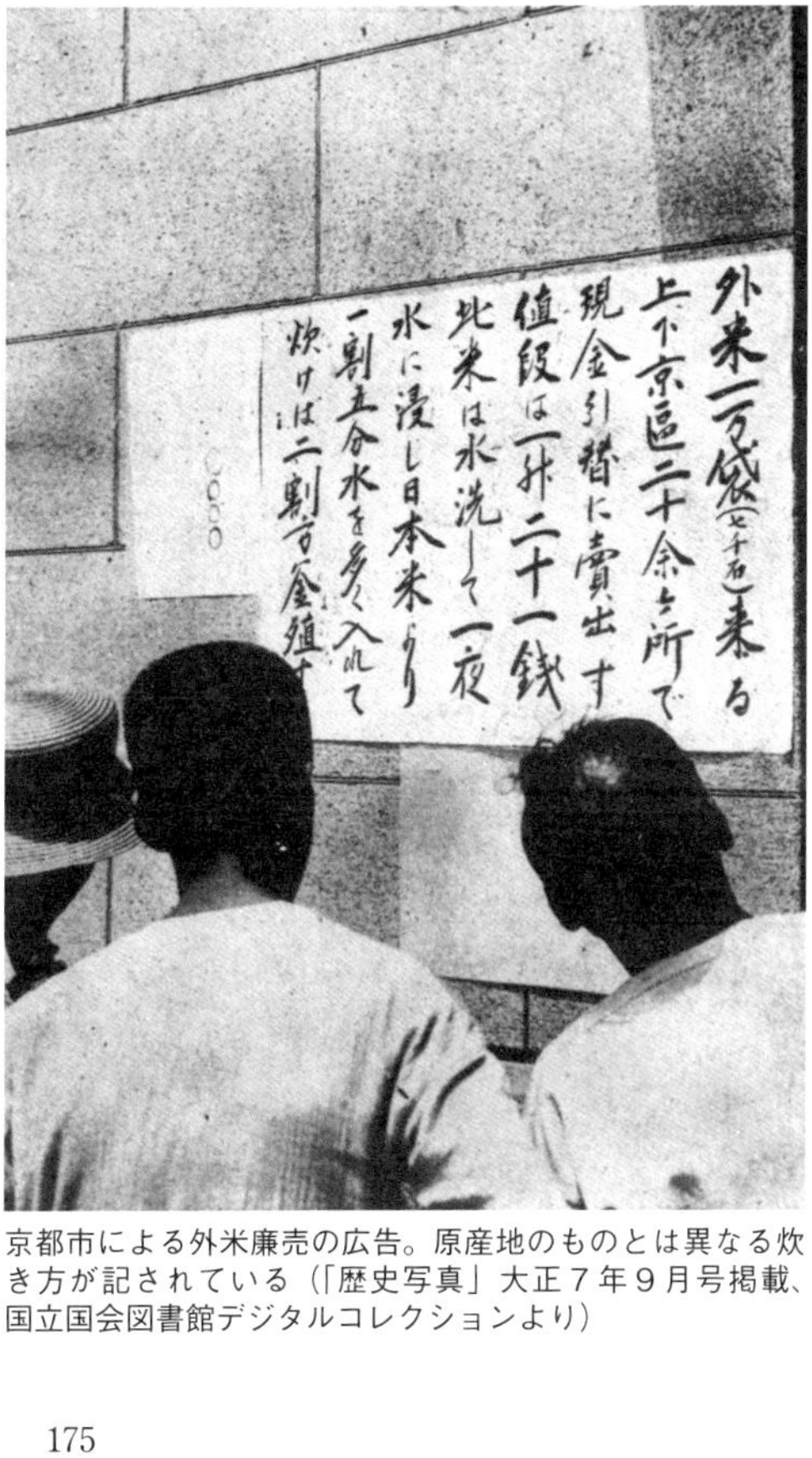

京都市による外米廉売の広告。原産地のものとは異なる炊き方が記されている（「歴史写真」大正７年９月号掲載、国立国会図書館デジタルコレクションより）

植民地であったということである。しかも当時のビルマとベトナムでは、植民地政庁主導の下でインドシナ半島の水田開発と輸出米増産が進められていた。つまり、日本の米価暴騰対策は、朝鮮に対する植民地統治や、イギリス・フランスによる東南アジアの植民地統治に依存していたのである。

このように、米価暴騰対策としてどこからどのような米が持ち込まれたのか、ということに注目してみると、米騒動そのものが植民地支配を介して世界の動きとつながっていたことが分かるのである。

したたかに生きた民衆

滑川市立博物館学芸員　近藤　浩二

1918（大正7）年夏、漁師たちは不漁にあえいでいた。7月に政府がシベリア出兵の方針を固めると、投機目的の商人たちが米を買い占めたため、米価が急激に高騰。滑川町では年初に日本米（内地米）1升が25銭前後だったが、夏には40銭前後まで上昇した。漁獲物の少ないこの時期、一日の稼ぎが50銭にも満たなかったという証言もある。このような要因が重なり、漁師の主婦たちが米騒動の口火を切った。

漁師たちが苦しむ一方、同じ下層社会に位置付けられる日稼ぎ労働者には、一日に2～3円、中には4円程度稼ぐ者もいたようである。時は大戦景気の真っただ中。物価とともに賃金も上昇していた。

また当時、社会問題化していたのが中流層（会社員や今で言う地方公務員といった俸給生活者）の生活難である。中新川郡役所や滑川町役場の書記、巡査、小学校教員の月給は15～25円だった。この月給で洋服や靴をそろえ、立場上の交際費がかかり、体面保持が求められ、月給だけで生活する場合は下層社会より悲惨だったという。特に小学校教員と巡査には欠員が多く、待遇改善（増給）が求められていた。

このような社会状況の中、米騒動が起きる。行政は米の安売り(廉売)を行うが、滑川では当初、対象は下層に限られていた。すると「貧民だけに限るとは何事か、一般に対しても実行せよ」といった声が上がり、救済範囲が拡大される。しかし、俸給生活者は掛け買い生活のため、廉売米を買う当座の現金がないことを嘆く声もあった。

片や稼ぎのある下層民は、救済対象のため外国米を義理買いするが、転売して内地米を買う足しにするなど、ぜいたくな暮らしぶりも見られたようだ。また、現金支給による救済を実施していた高岡市では、受給帰りに果物を買い食いする、数日分をまとめて受け取って化粧品を買うような「困窮者」もいたようである。下層社会全てが窮していたわけではなく、実情は複

洋服を着て体裁を飾る必要があるが、収入が伴わない俸給生活者を評した言葉が「洋服細民」(小川治平画「宮武外骨此中にあり」25「赤」4号より)

雑な様相を呈していた。

18年の夏だけを切り取って見れば、確かに漁師は窮していたが、その前後を見るとイメージが異なる。6月、東岩瀬ではシロエビが豊漁で、漁師たちは米価高に「痛痒《つうよう》」を感じていなかったというが、1カ月後、米騒動が起きた。翌19年は前年以上に米価が高騰したが豊漁だった。すると漁師たちは「役所は今のうちに貯金しておけと言うが、そんな習慣はない」と言い、「『外米は臭くて食えぬ』と言って役所の高等官以上の生活ぶり」だったという。

民衆はただ弱いだけの存在ではない。したたかで享楽的な一面も併せ持っていた。米騒動を理解するためには、裏面や周縁にも目を配る必要がある。実に難しい。

労働者の不満　暴力へ

東京女子大現代教養学部准教授　藤野　裕子

全国的に広がった米騒動では、暴力的な行動が数多く見られた。現代の感覚では、建物を壊したり、放火したりする行為は、とても認められないだろう。だからこそ、なぜ100年前の人々はそのような行動に出たのかを考えることで、今の社会のあり方を浮かび上がらせることができる。人々は暴力に何を込め、何を求めたのか。東京という場に絞って考えてみたい。

日露戦後から第1次世界大戦前後にかけての東京は、工場労働者が増加した時期であった。特に大戦景気の頃は、地方から上京する若い男性が急増した。工場労働者や日雇いの仕事に就く人が多かったが、彼らは「飲む・打つ・買う」など、刹那的で退廃的な生活を送っていたと言われる。

大戦景気までの工場労働者（職工）は賃金が安く社会上昇が見込めず、〝一般社会〟から蔑視されていたためである（松沢弘陽著「日本社会主義の思想」）。一方で彼らは、腕っぷしが強く、情に厚く、強きを挫《くじ》き弱きを助くような親分肌の人物に価値を置く、独自の文化を形成してもいた（拙著「都市と暴動の民衆史」）。富や地位や学歴はなくとも、「男らしい」ことで誇りを持てる。そうした価値観を共有していたのである。

　このことは、米騒動での行動に如実に表れている。東京の米騒動の主たる担い手は、若年の男性労働者だった。彼らは米商に押し寄せて米の廉売（安売り）を求める一方で、東京の繁華街や商店街の大通りを集団で練り歩き、道々の建物のガラス戸やガラス窓、街灯などに投石した。走って来る自動車や路面電車の前に立ちはだかり、横転させようともしている。東京の大通りには路面電車の軌道があり、日常では真ん中を歩くことはできない。職業を理由に蔑《さげす》まれていた男性労働者たちは、群衆状態となったのをきっかけに、つかの間、東京の街頭を占拠したのである。

　判決文では、騒動のさなか、「懲役が

日比谷公園に集まる群衆。この集会をきっかけに、東京で暴力行為が広がっていく（「歴史写真」大正７年９月号掲載、国立国会図書館デジタルコレクションより）

怖くて働けるか」「5年や10年の懲役は覚悟の上だ」との言葉が飛んだとされる。社会的な上昇が見込めない中での、刹那的な感覚がうかがえよう。

このように、暴力を通して男性労働者が訴えたのは、米価が高いということだけではなかった。明治以降につくられた職業・階級・学歴による社会的な序列に対し、不満を吐き出してもいた。彼らの行動は〝未熟〟に見えるかもしれない。しかし彼らが訴えた事柄に対して、現代の社会も十分な解決策を持っているわけではない。米騒動の非暴力的な面に注目するだけでは、こうしたメッセージを見過ごしてしまう。米騒動１００年は、今の社会のあり方を見つめ直す機会でもあるはずだ。

与謝野晶子が廉売批判

金沢大人間社会研究域教授　能川　泰治

富山の「女一揆」から始まった米騒動を、当時の女性知識人はどうみていたのだろうか。平塚らいてう、山川菊栄、伊藤野枝といった、思想家や社会主義者の全集にあたってみたが、彼女たちが論評を試みた形跡はない。ただ一人、与謝野晶子（1878～1942年）が、騒動に関する評論をいくつか書き残していた。それらは、1919（大正8）年に刊行された評論集『心頭雑草』に収録されている。

まず「食糧騒動に就て」では、富山の女性たちの行動に対して、自分は飢えても両親・夫・子供には食べさせてやりたいと思う心から起こしたものであると理解を示す一方、騒動が他府県で暴動化したことには「乱民的暴行」と非難する。そして、このような事態を招いたのは内閣の「秕政《ひせい》」にあるとして、寺内正毅内閣を厳しく非難する。

物価暴騰対策の提言に力点が置かれていることも、晶子の論の特徴である。続く「米の廉売と富豪」「公設市場、公設質屋、享楽税」では、全国で実施された米の廉売（安売り）を否定し、公設市場設立と価格公定を提言している。特に、廉売に対する批判は随所で展開されており、「米の廉売と富豪」

では、廉売所で長時間待たされるのは家を空けにくい主婦には不便であるだけでなく、乳飲み子を背負った女性が混雑の中で「『児供《こども》が死にます、死にます』と叫ぶやうな気の毒な光景を呈する廉売所は、慈善行為の主旨に反して居ます」と、主婦の視点で批判する。

注目すべきは、これらの評論を書く晶子の立ち位置を示す言葉として「無産階級」が多用されている点である。一般に「無産階級」は賃労働者を指すが、晶子の立ち位置は工場で働く女工にあるのではない。なぜなら晶子は、同じ頃新聞の取材に応えて米価高騰による生活難について語っているが、その際に自らの立ち位置を「日給を取る労働者ではない私共貧民」「中流の名を以て呼ばれる貧民階級」(「大阪朝日新聞」1918年8月16日)と表現しているからであ

幼子を抱いて写真に納まる与謝野晶子(前列左から3人目)。撮影された1919年当時、晶子は5男6女を育てる母親でもあった(天眠文庫資料。京都府立京都学・歴彩館所蔵)

る。晶子の立ち位置は「中流」を自負する「無産階級」の主婦であった。

以上のように晶子は廉売を否定し、公設市場と価格公定による恒常的生活保障を提言していた。そして、米騒動後は実際に各自治体によって公設市場が設置されるようになる。このような、米騒動発生から社会政策実施までの過程の中に、晶子の提言を介在させてみると、米騒動を契機に「中流」を自負する人々が求める現代的社会政策が実施されるという、いわば中流社会の形成が展望できるのではないだろうか。

時代の転換期に口火

元富山県立図書館副館長　浦田　正吉

１９１８（大正７）年の米騒動の口火を切った県東部の婦人たちによる米移出阻止や米の廉売要求は、地域に根付いていた慣習的な哀願運動だった。

当時の女性たちにとっては、米の積み出しで米穀商の倉の米俵が目に見えて少なくなっていたことと、米価の高騰とが因果関係で結ばれていた。江戸時代には、在米が減り米価が高くなると加賀藩が「津留《つどめ》」（移出禁止）を命じたこともあり、女性たちは自らの移出阻止などを「正当」だと信じていた。米価は全国市場で決まり、滑川町などの狭い地域で決まる時代ではないという「理屈」は、彼女らの感覚では「不当」だった。

所帯を切り盛りする漁師の婦人たちは、家庭で主導権を持っていたとしても、男尊女卑の当時にあっては、対社会的に責任ある言動をする主体ではなかった。社会規範から逸脱があっても「女、子どものすることだから」といって責任を問われない、言い換えれば「無視されること」になっていた。当時の男たちは「騒動は女たちが勝手にやっているもの」と捉え、傍観者然としていたようにも見える。

第１次世界大戦による大戦景気によって日本経済は大躍進した。農業県の富山でさえ21年に工産物が農産物を上回り、日本は商工業国家に大変貌した。大阪や東京、名古屋など大都市への急激な人口集中（特に工場労働者人口の増大）を背景に、急増する白米需要に対して供給力が追い付かず、米価は既に17年ごろから急騰していた。

農村の人々が工業地帯に向かう姿を描いた「鋤鍬捨てゝ」（大正6年「大阪パック」第12年第13号掲載、京都国際マンガミュージアム／京都精華大学国際マンガ研究センター蔵）

翌18年の夏、シベリア出兵宣言でさらに急騰し、全国的に米騒動が起こり、その後も20年にかけて上昇し続けた。時の政府は、従来の自由放任から経済活動への国家介入による統制へと方針転換し、米価安のために、台湾・朝鮮といった植民地米の恒常的な増産と移入を図った。それは米価高で利益を得ていた農業中心の地主本位の政治から、米価を抑えて労働者の賃金を抑制することで利潤の拡大を目指す商工業中心の資本家本位の政治へ舵を切った大転換を意味していた。

また、米などの食料問題以外にも住宅問題や職業紹介、スラム街解消を目指す都市計画など、国民生活に関わるさまざまな社会問題解決に国家が積極的に介入する、現代につながる巨大な行政国家への転換になった。寺内正毅内閣が倒れ、藩閥政治を脱し、本格的政党内閣だと言われる原敬政友会内閣の樹立の歴史的意味は、その点にこそあった。

米騒動はこうした時代の転換期に起こった。意図したのではないのに結果として騒動の口火となったということで、女性たちは恐縮し、以後、浜での米騒動は起こらなくなった。

「お上」への不満根強く

東京女子大現代教養学部准教授　藤野　裕子

100年前の米騒動では、1升25銭前後での米の廉売（安売り）要求が全国的に見られた。人々は集団で米商などに押し寄せ、安い値段で売るように要求したのである。

近年の研究では、こうした廉売要求には、江戸時代から続く民衆運動の伝統が見られると指摘されている（牧原憲夫「客分と国民のあいだ」）。江戸時代では、為政者や富裕者には民衆の生活が立ちゆくようにする責務があると考えられていた。富裕者は民衆の窮乏を招くほど私利私欲を追求してはならず、為政者は富裕者の私利私欲を抑えて、年貢の軽減や救助米を施すなどの「仁政」を行うことが責務とされた。それが行われない場合、民衆は仁政を要求して訴願などの一揆を起こした。

武士（為政者）と百姓（被支配者）の身分が明確に分かれていた江戸時代には、こうした道徳的な観念が広く共有されていたのである。それは支配の正統性である反面、百姓が仁政を要求する正当性ともなった。

大正期の米騒動での廉売要求もまた、こうした百姓一揆の伝統を継ぐ仁政要求の一つであったというのが、近年の学説の一つである。しかし、明治以降の日本は四民平等になり、近代的な税制度・法制度が整備されたはずである。にもかかわらず、大正期になっても江戸時代のような仁政要求が起きたのはなぜなのか。

背景の一つに、制限選挙制度がある。当時は参政権が納税額によって制限され、有権者は全人口の１～２％に過ぎなかった。このため、四民平等となっても、政治を「お上のもの」と考える意識が人々のなかに根強く残った。一方で、明治以降、自由放任経済により、貧困は自己責任とされた。政治は「お上のもの」であるはずなのに、その「お上」は何もしてくれない。これが、再び仁政要求が起こる条件であったといわれる。

米騒動の後、１９２０年代には男子普通選挙制度が成立し、都市を中心に社会政策が進められた。米騒動を境に、制限選挙・自由放任経済

白米を1升25銭で廉売することを伝える仙台市の広告（「河北新報」1918年8月23日掲載）

の時代から、普通選挙・社会政策の時代へと転換したのである（牧原憲夫「文明国をめざして」）。この方向性は戦後にいっそう徹底され、男女の普通選挙となり、福祉制度が充実する。米騒動がいかに日本の大きな転換点であったかがわかるだろう。

米騒動から100年後の現在、新自由主義政策が進められ、格差社会が進む一方、貧困に対する自己責任論が再び強まっている。普通選挙ではあるが、投票率が著しく低い。米騒動後に整えられたシステムが機能不全に陥っているといえる。政治を「お上のもの」にせず、貧困を政策的に解決するにはどうすればよいか。米騒動が現在に投げ掛けている問いは大きい。

フォーラム

女一揆　魂を揺さぶられた越中の男たち

向井　嘉之（ジャーナリスト）
金澤　敏子（細川嘉六ふるさと研究会代表）
麻柄　一志（魚津歴史民俗博物館長）
河田　稔（北日本新聞社相談役）

2018年6月9日　富山県民共生センター

フォーラム　女一揆　魂を揺さぶられた越中の男たち

米騒動から100年を記念したフォーラム「女一揆　魂を揺さぶられた越中の男たち」が2018年6月9日、富山市の県民共生センターで開かれた。民衆運動の先駆けとなった騒動の意義やそれを記録した3人の男たちについて意見を交わした。

ジャーナリストの向井嘉之さん（富山市）がコーディネーターを務め、細川嘉六ふるさと研究会の金澤敏子代表（入善町）と魚津歴史民俗博物館の麻柄一志館長、北日本新聞社相談役の河田稔さん（黒部市）が討論。討論に先立ち、金澤代表が基調講演した。

基調講演

米騒動は明治時代からあり、大正7（1918）年が最後だった。江戸から明治時代は、農村部から都市に人口が集中し、米の消費量が増え、米を作る人よりもお金で買う人が増えた。需給バランスが崩れ、慢性的な米不足で米価は高騰した。

富山県内でも明治23（1890）年は、20以上の市町村で米騒動が起きた。この年の新聞記事には「女隊　市役所に迫る」とある。氷見町では規模が大きく2千人が蜂起し、打ち壊しもあった。10人が逮捕された。明治45（1912）年の騒動も大きかった。東水橋町、東岩瀬町、魚津でも役場に女たちが突入した。まるで軍隊のようで蜂の巣をつついたように騒がしかったと記事に書いてある。

大正7年、越中の女一揆として全国に伝わり、1道3府40県で起きた。民衆運動の原点で歴史の転換点となった。富山の女性が果たした役割は大きい。

全国に伝わる中で暴動と言われた。民衆の鎮圧で軍隊も出ておよそ2万5千人が検挙された。起訴された人は7700人、死刑も2人いた。寺内内閣は総辞職し、原敬内閣が誕生するなど政局でも大きな転換期となった。富山では17市町村で46回の騒動があった。富山の米を県外へ運ぶと米が少なくなり、値段が上がると思われたことが原因だった。

陸仲仕《おかなかし》として水橋や滑川の女性は、男たちに交じって積み出し作業を担った。炎天下で米俵60キロを担いで働いても、得るお金は1日30～40銭。大正7年、米1升は1月に24銭だったのが8月には40

銭に上がった。1日働いても1升の米を買うのがやっとだった。そうして米騒動は魚津、滑川、東水橋などで起きた。記事としては魚津が最初に出た。目撃者の証言では、大町の浜で廻漕問屋と押し問答があり、哀願という生優しいものではなかったようだ。男たちの腰につかまって「持ってかれんちゃー」と米俵を落とした。いてもたってもおられない大変な状況だったようだ。7、8月は鍋割月《なべわれづき》と言われ、食べるものがなく、鍋に火をかけると割れてしまうという苦しい時期だった。子どもや家族を守るために立ち上がらなければならなかった。

滑川では2千人が参加し、県内最大規模で男も参加した。41歳の女性リーダーがおり、米商人に安売りを迫った。生活難と不安が重なり、「貧民を救わない者は悪魔だ、鬼畜生だ」と叫びながら怒り、普通の値段で売るよう要求した。

ただ、富山県の米騒動にはルールがあり、米商人の米俵には手を触れていない。殺さず、盗まず、拾わず、放火せず、あくまでも抗議運動で連帯して動いたようだ。

米騒動で立ち上がったおかかたちは、夫と共に家計を支える働き者の賃金労働者。働いても米さえ買えない社会への怒り。そんな時、問題を解決しようと自ら立ち向かった。立場を同じくするおかかたちが連帯して行動し、暴利へ走る米商人らの倫理感を激しく問うている。不正、理不尽に立ち向かい、生きるための戦いで「モラルエコノミー」といえる。米騒動から100年、越中のおかかたちの勇気ある行動に深い敬意を抱き、改めて評価しなければならないと思う。

討論

○米騒動を伝えた３人の男性

向井　今年は米騒動１００年、明治維新１５０年の節目となる。また米騒動はジャーナリズムとも大変関係があり、この辺りを頭に入れながら進めていきたい。米騒動では女性が行動したが、語り継いだのは男たちだった。まず横山源之助と米騒動の出合いについて説明してほしい。

麻柄　横山は明治30（１８９７）年の「国民之友」で魚津の米騒動に触れている。米騒動に関心があったというよりも日本の貧民をどう救済していくかというテーマの中で米騒動を扱っている。貧民救済制度を高く評価しており、魚津にその制度があったことをアピールしている。

向井　横山と同じ年に生まれた井上江花は、どんな人だったのか。

河田　明治32（１８９９）年に高岡新報に入社し、記者として活躍し、主筆という編集責任者の立場で新聞製作に携わった。富山県で新聞が発行されて以来、これだけ多彩な活動をした記者はいないと思う。貧民の状況など社会問題にも関わってきた。

向井　細川嘉六と米騒動の出合いは。

金澤　大正７年の米騒動を先駆的に研究し、昭和７（１９３２）年に国内で初めて大正の米騒動の詳細を論文にまとめた。これが戦後の研究者たちの礎になった。細川は小学校時代に米屋でアルバイトをしていた経験があり、米騒動に無関心でいられなかったのだろう。

○明治の米騒動

向井　明治の米騒動の背景について。

麻柄　加賀藩の政策では、米を他藩に持って行くことを禁じていた。明治5（1872）年、持ち出し禁止制度を廃止し、米の販売を自由にして経済を活性化しようとした。

向井　富山県内全域で起きていたようだ。

金澤　明治の初め、特に新川で頻発した。藩が政府から米の移出を押しつけられ、その調達を農民からの年貢の徴収に頼らざるを得ず、農民たちよる「ばんどり騒動」が起きた。

河田　ばんどり騒動は井上が記録として残している。

金澤　明治2（1869）年、大凶作に見舞われたが、藩はそれへの政策を持ち得ていなかったことも大きな原因。民衆の中で政治的意識が高まっていった。

向井　当時、富山の米はあまり評判がよくなかった。北海道開拓の際、富山の安い米を開拓民のために移出したという話もあったという。

河田　越中米の品質が良くなかったのは確か。米問題に関心があった井上は、品種改良を呼び掛けていた。

麻柄　富山からの北海道への移民が多かったのも大きな理由。十二銀行の支店が北海道にもあり、米が決済に便利だったことも関係がある。

向井　明治期、米騒動がなぜ多発したのかが分かってきた。明治22（1889）年の米騒動は2府15県に波及した。新聞報道も影響したのか。

金澤　明治初期の記事は貧民に対して異質な世界を見るような冷淡な論調で書いている。後になると記者が庶民に寄り添い、騒動の背景を考え、救えという記事がたくさん出てきた。

河田　明治20年代後半から、新聞記事でも社会問題として多く取り上げるようになった。

○大正の米騒動――時代背景と富山の米騒動の特徴

向井　大正の米騒動では、富山から県外に広がり、大暴動となった。時代背景についてどう見たらいいか。

麻柄　魚津から富山県各地に広がり、全国紙に掲載された8月から全国的に広がった。新聞の果たした役割が分かる。

金澤　物価が上がり、実質賃金が下がっていた。漁師町はなおさら苦しく、騒動はどこで起きてもおかしくない状況だった。

河田　井上はシベリア出兵など世界情勢を踏まえて記事を書き、新聞を全国に送った。シベリア出兵

向井　は、騒動が全国的に広がるきっかけになったのかもしれない。

金澤　8月9日から他県でも連鎖反応的に起きている。数で一番多いのは岡山県の70回、広島県が62回、大阪が59回、富山は46回で4番目だ。

向井　富山県の米騒動は、それ以降起きた全国の米騒動とは違う気もする。

麻柄　富山県の騒動は、全国に飛び火した8月の段階では収束に向かっている。

河田　富山の米騒動は、明治時代から港町の女性が主役で役場が救済するというパターンができている。大正7年の時もそうだ。そのため、爆発的な形にはならなかったようだ。

向井　8月14日、政府は米騒動に関する新聞記事の掲載を禁止した。

河田　米騒動の報道は新聞社によって濃淡あったが、掲載禁止となった時点で各社一斉に反発した。米騒動が全国に展開する中、メディアの反発も伴って過熱していったと考えられる。

向井　8月下旬頃から、寺内内閣の意向で言論弾圧を徹底し、発行禁止まで持っていこうと考えていたようだ。

河田　政府は事件が広がったのを新聞の責任にしようとした。富山では警察部長が井上を責め立て、井上も反論記事を連載した。

金澤　富山の米騒動の大きな転換点は、県内最大規模の2千人が参加した滑川の米騒動。港町のおかかが指導的な役割を果たし、町民の訴えがかなって安売りが実現した。報道されたことで、広がっていった。実例を全国に示したのが滑川の大きな特徴。

○米騒動の意義とは

向井　米騒動は生活権の要求という意味合いが強い。その意義や現代へどうつながっているかについては。

麻柄　富山の騒動の特徴は、発祥地なのに処罰された人がほとんどいないことだ。それぞれの町が何らかの対応するシステムを持っていた。魚津でも貧民救助規定があり、大正7年には臨時貧民救助規定を定めた。

金澤　「おかしいなあ」という時に動くことは大事。おかかたちのようにおかしいと思っても声に出さないと変わらない。

向井　米騒動は、正しく理解されていないようだ。

麻柄　魚津でも恥ずかしい歴史と考えている人がいる。アンケートでは、米の略奪、大暴動、打ち壊しというイメージを持つ人が多いが、実際はそうしたことはない。教科書で女性が米倉から米俵を略奪している絵が描かれていることも関係しているようだ。

金澤　米騒動は過去のことではない。米騒動がなければ、戦後の民主主義はなかったかもしれない。社会と戦うこと、連帯行動することが大切ということを教えてくれた出来事といえる。

河田　1868年の明治維新の翌年にばんどり騒動があり、1918年には米騒動、そして50年前の1968年、イタイイタイ病が公害病認定され、反公害の住民運動が高まった。約50年ごとに民衆運動の爆発が起きている。

向井　歴史を振り返ると、米騒動は民衆意識がピークに達した近代史上最も高い峰といえる。今原点に戻って考えてみる必要がある。騒動という言葉が邪魔してきたが、〝女の世直し〟という流れにして語り継いでいきたい。

付録

米騒動とメディア～大正の新聞紙面から

米騒動の拡大には、新聞が大きな役割を果たした。当時、県内の言論をリードしていたのは、いずれも北日本新聞の前身に当たる富山日報、高岡新報、北陸タイムスの3紙。これらの新聞が騒動をどのように報じたのか、紙面から紹介する。

発端は漁師町

魚津の漁師町で起きた騒動をいち早く伝えたのが、1918（大正7）年7月24日の富山日報と北陸タイムスだ。折からの不漁と米価暴騰に耐えかねた女性たちが、窮状を訴えるべく役場に押し寄せようとしたところ、察知した警察に説諭され解散したと報道。さらに、このままでは騒動に発展しかねず、予防策を講じる必要があると警告した。翌25日の富山日報は「米は積ませぬ」の見出しで、魚津の海岸で蒸気船への米の積み込みを阻止した様子を報じている。

窮《きう》乏《ばう》せる漁《ぎよ》民《みん》
―大擧役場に迫らんとす
▽不漁續きで如何んともする能はず
⊠悲痛な生活難
下新川郡魚津町の漁民は近來不漁續きにて大に困憊なし居る上米價は倍々暴騰するより、其日の糊口に窮するもの續出し、遂にやり切れなくなつたと見え、二十二日夜より寄り〳〵集會を催し居りし結果、窮狀を町當局へ訴え出づべく、二十三日早朝大擧して、町役場へ迫らんとする形勢甚だ險惡となりたるにぞ豫て斯くあるべしと警戒中なりし警察署にては、巡査數名を要所要所に配置し、其行爲の不隱なるを訓戒し、それぞれ歸宅せしめ、一時は鎭撫するを得たるも、漁民は此儘沈默すべきにあらず何時騷動を勃發せんも計り知れざる形勢なりといふ

「窮乏せる漁民　大挙役場に迫らんとす」
（『富山日報』大正7年7月24日）

◇生活難襲ふ
獵《りやう》師《し》町《まち》
役場へ嘆願
下新川郡魚津町大字上下新獵師町民は主に漁を以て生命を繫ぎ居る者なるが此頃は漁の切れ目で左程收入がなく一方出稼の主人及家族よりも送金がないので、留守宅の妻子等は物價騰貴の影響を受けて糊口に困難する所より誰言ふとなく一つ黨を興して役場へ救助方を迫らうでないかと發起したが何れもソレは良策なりと忽ち附和雷同し二十日未明同海岸に於て女房共四十六人集合し役場へ押し寄せんとせしを逸早く魚津警察署に於て探知し巡査數名を同所へ派遣し其不心得を說諭して解散せしめ後總代三名を召喚し西田署長から其善後策につき種々協議する所があつたと言ふが一方署長に於ては郡長及町長と協議の上其實際困難に堪ねないものを調査して何とか救濟したいと協議する處があつた因に前記兩町民中に於ても普通の勞働者はどうにかかうにかやつて居るが、漁民だけは鍋釜をも質に入れる樣な窮境に陷つて居るさうであるから今の中に豫防策を講じたら後日に至つてもソウ騷ぎ廻るやうなことはなからうとの事である

「生活難襲ふ　漁師町　役場へ嘆願」
（『北陸タイムス』大正7年7月24日）

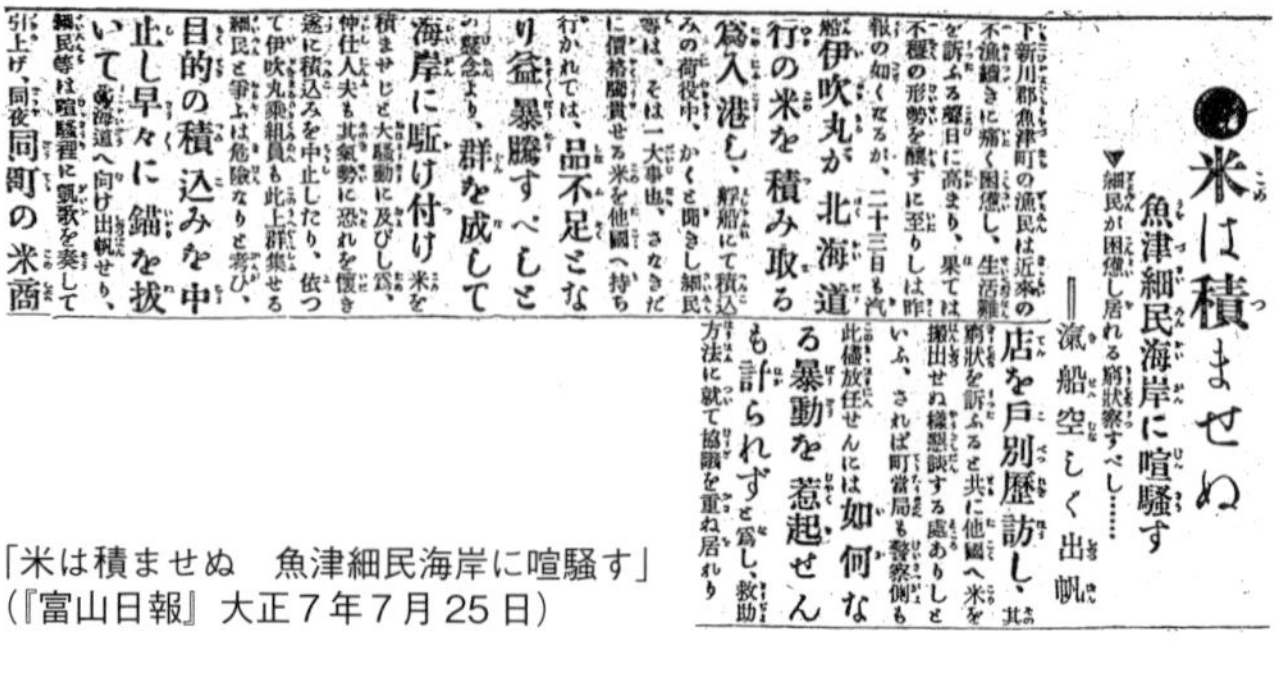
米《こめ》は積《つ》ませぬ
魚津細民海岸に喧騷す
▽細民が困憊し居れる窮狀察すべし……
‖滊船空しく出帆
下新川郡魚津町の漁民は近來の不漁續きに痛く困憊し、生活難を訴ふる聲日に高まり、果ては不穩の形勢を釀すに至りしは昨報の如くなるが、二十三日も汽船伊吹丸が北海道行の米を積み取る爲入港し、艀船にて積込みの荷役中、かくと聞きし細民等は、それ一大事也、さなきだに價格騰貴せる米を他國へ持ち行かれては、品不足となり益暴騰すべしとの懸念より、群を成して海岸に馳け付け米を積ませじと大騷動に及びし爲、仲仕人夫も其氣勢に恐れを懷き遂に積込みを中止したり、依つて伊吹丸乘組員も此上群集せる細民と爭ふは危險なりと考ひ、目的の積込みを中止し早々に錨を拔いて北海道へ向け出帆せり、細民等は喧騷裡に凱歌を奏して引上げ、同夜同町の米商店を戶別歷訪し、其窮狀を訴ふると共に他國へ米を搬出せぬ樣懇談する處ありしといふ、されば町當局も警察側も此儘放任せんには如何なる暴動を惹起せんも計られずと爲し、救助方法に就て協議を重ね居れり

「米は積ませぬ　魚津細民海岸に喧騒す」
（『富山日報』大正7年7月25日）

広がる騒動

魚津の騒動を報じなかった夕刊紙の高岡新報は、８月４日付紙面で前日の３日夜に起きた西水橋町の米騒動を「女軍米屋に薄《せま》る」の見出しで伝えた。この記事は高岡新報から大阪毎日や東京日日などに配信され、５日付の各紙に掲載されて全国に知れわたることになった。騒動は８月４日には東水橋町に飛び火。さらに、６日の滑川町で頂点に達する。高岡新報は７日の社会面をつぶして「生活難を絶叫せる　二千人の大集團《しゅうだん》」の３段５本見出しで大々的に報道した。

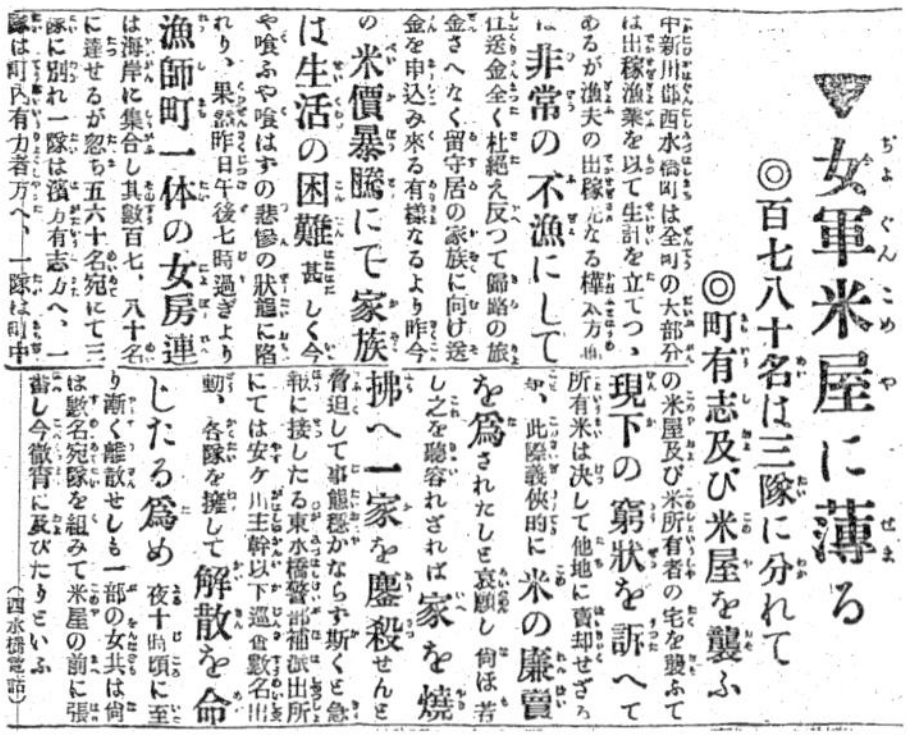
▼女軍米屋に薄る
◎百七八十名は三隊に分れて
◎町有志及び米屋を襲ふ
中新川郡西水橋町は全町の大部分は出稼漁業を以て生計を立てつゝあるが漁夫の出稼先なる樺太方面は非常の不漁にして仕送金全く杜絶え反つて帰路の旅金さへなく留守居の家族に向け送金を申込み来る有様なるより昨今の米價暴騰にて家族は生活の困難甚しく今や喰ふや喰はずの悲惨の状態に陥れり、果然昨日午後七時過ぎより漁師町一体の女房連は海岸に集合し其數百七、八十名に達せるが忽ち五六十名宛にて三隊に別れ一隊は濱方有志方へ、一隊は町内有力者方へ、一隊は町中の米屋及び米所有者の宅を襲ふて所有米は決して他地に賣却せざる事、此際義侠的に米の廉賣を為されたしと哀願し尚ほ若し之を聴容れざれば家を焼拂へ一家を鏖殺せんと脅迫して事態穏かならず斯くと急報に接したる東水橋警部補派出所にては安ケ川主幹以下巡査數名出動、各隊を擁して解散を命じたる為め夜十時頃に至り漸く離散せしも一部の女共は尚ほ數名宛隊を組みて米屋の前に張番し今徹宵に及びたりといふ（西水橋電話）

「女軍米屋に薄る」（『高岡新報』大正７年８月４日）

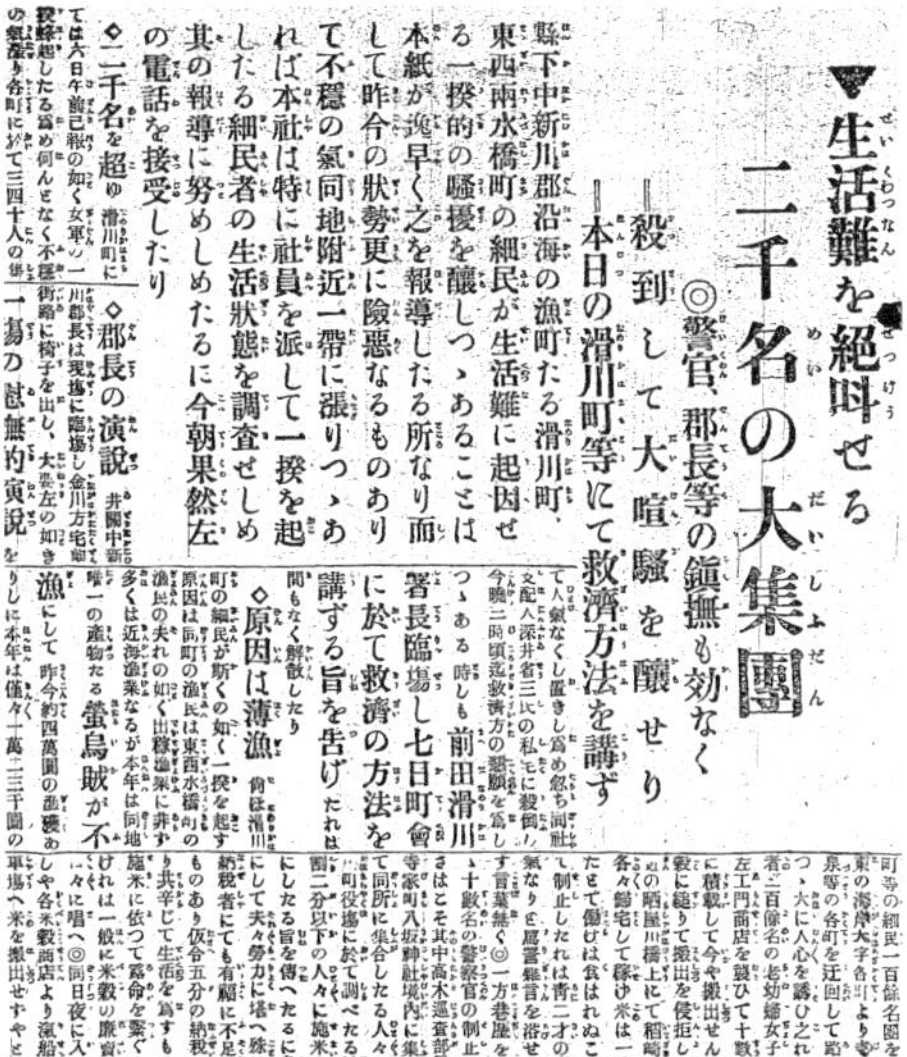
▼生活難を絶叫せる
二千名の大集團
◎警官、郡長等の鎮撫も効なく
‖殺到して大喧騒を醸せり
‖本日の滑川町等にて救濟方法を講ず
縣下中新川郡沿海の漁町たる滑川町、東西両水橋町の細民が生活難に起因せる一揆的の騒擾を醸しつゝあることは本紙が逸早く之を報導したる所なり而して昨今の状勢更に険悪なるものありて不穏の氣同地附近一帯に漲りつゝあれば本社は特に社員を派して一揆を起したる細民者の生活状態を調査せしめ其の報導に努めしめたるに今朝果然左の電話を接受したり
◇二千名を超ゆ　滑川町にては六日午前已報の如く女軍の一揆蜂起したる為め何んとなく不穏の氣漲り各町において三四十人の集
◇郡長の演説　井關中新川郡長は現場に臨場し金川方宅前街路に椅子を出し、大要左の如き一場の慰撫的演説を
て人氣なくし置きし為め忽ち同社支配人深井省三氏の私宅に殺到し今晩二時頃迄救濟方の懇願を為しつゝある時しも前田滑川署長臨場し七日町會に於て救濟の方法を講ずる旨を告げたれば間もなく解散したり
◇原因は薄漁　尚ほ滑川町の細民が斯くの如く一揆を起す原因は同町の漁民は東西水橋町の漁民の夫れの如く出稼漁業に非ず多くは近海漁業なるが本年は同地唯一の産物たる螢烏賊が不漁にして昨今約四萬圓の漁獲ありしに本年は僅々一萬二三千圓の

「生活難を絶叫せる　二千名の大集団」
（『高岡新報』大正７年８月７日）

権力と闘う〜高岡新報の社説より

八月七日

狼煙揚がる
縣下の窮民蜂起

米價の奔騰究極する所を知らず、當地方の白米相場すら三十八錢厘を稱へ、將に四十錢台に突進せんとする狀態にして、生活難の聲巷閭に喧しく、自殺發狂等の庭的悲劇は都鄙到る處に續出しつゝあるにも拘はらず、今日に及迄未だ民衆的不穩の行動を見ざりしだけは國家の爲に慶ぶべしとせしに、此の慶びは一時に過ぎして、果然窮民の騷擾事件を演するに至つた。併かも夫れが全國屈指の米產地たる我が富山縣下にて導火を切られたることは、人の見て以て意外とする所なるべく、其處に一種の皮肉を含まれたるやうでもある。一体越中の住民は鈍重牛の如く忍耐力に富んで擧妄動を敢へてせざる特色を有すれども、其の體内には祖先以來の潜在的熱血性を傳へ、機に觸れに遇へば即ち俄然として爆發すること珍らしとせず、近く維新前後に起れる一揆的事變而已を算ふるも、上新川郡及び富山を中心とる岡田屋騷動あり、新川郡全圓に亘れる忠次郎一揆あり、さては砺波郡内の地租騷動、高岡を中心

「狼煙上がる　県下の窮民蜂起」（『高岡新報』大正７年８月７日）

八月八日

何ぞ無情なる
當局の窮民觀

本縣沿海各地に於ける窮民の蜂起は寔に由々しき出來事にして、非間有り勝の小紛擾と見做すことを許さぬ。然るに縣當局者の一人は極めて事態を輕視し「實際生活難に迫られて騷ぐものはホンの僅かで、大部分は附和雷同に過ぎぬ」と稱し、彼等が恰かも面白半分に騷擾を敢てせるかの如く平然として憶斷し去つて居る。中央都會に於ける彼の交番燒打事件の如き政治的騷擾には由來附和雷同の徒多きを常とすれども、本縣に於ける今回の出來事は全然それらの事件と性質を異にし、米價及び諸物價の騰貴に基く生活難の壓迫は直死活に關する焦眉の問題なるが故に、最も眞劍に且最も熱烈のものなりしは我社特派員の實査に徴して知るべく、猶又地方住民の氣質より推すも、彼等は都會人士の如く惡戯の意味を以て其の徒黨に加入するの餘裕を有せざるは明かである。當局者は何が故に「實際生活難に迫られて騷ぐものはホンの僅かに過ぎず」と言へるかを知らず。と雖も、我等の見る所を以てせ

「何ぞ無情なる当局の窮民観」（同８月８日）

八月九日

我等は信ず

去る七日發行第八千五百五十八號の我が高岡新報は、安寧秩序を妨害するものとして其筋より發賣頒布を禁止せられ、我社に存在せ同號殘部は悉く押收せられた。按ずるに右は縣下某々地の民衆が生活難の爲に蜂起せし顚末の記載に由るので有らう。苟くも新聞紙の職分が社會の明鏡たるに在る以上は、我等は飽までも事實を事實として報導せなければならぬ、況んや此の如き社會上最も重視すべき事件の突發に於てをや。我等は信ず、事實を事實として報導しる新聞紙の發賣を禁止することは政府者の權能として許さるゝにもせよ、事實は遂に打消すことは出來ぬ。我等は政府者が此の如き場合に此の如き權能を使用せることに對して、其の結果の果して有效なるや否やを多大の疑問とするのである。

寛大の處置

縣外某紙に現はれたる「越中女一揆」と題せる富山通信の末節に富山憲兵分隊にては、今回の騷擾を以て容易ならずとし、騷擾罪して縣警察部に其の取調打合せ

「我等は信ず」（同８月９日）

全国に名を知られたジャーナリスト・井上江花が主筆を務めた高岡新報は、8月7日から3日続けて1面トップの社説で米騒動についての論陣を張った。「狼煙《のろし》上がる」は漁民たちの行動に共感し、政府に根本解決として社会政策を要求した。この社説とともに滑川の大騒動を伝えた7日付高岡新報は、県から発売禁止処分を受ける。

県当局は同日、騒動沈静化を狙い、「実際に生活難の者は少なく、大半は夜涼みの女性らがついてきたにすぎない」「漁民たちには日ごろから不漁に備え副業を奨励しているのに耳を貸さない」との談話を発表した。これに反論したのが8日の「何ぞ無情なる当局の窮民観」。事態を軽視し、漁民の生活態度に非があると責任転嫁する県の姿勢を批判した。さらに、9日の「我等《ら》は信ず」は発禁処分に対し、「事実を報道した新聞の発売を禁止することは政府者の権能として許されても、事実は打ち消すことはできない」と毅然として権力に対するジャーナリズムの在り方を論じた。

内閣退陣

米騒動は11日から13日にかけて京都や大阪、名古屋などで軍隊が出動するほどの事態に発展した。全国の新聞は、米価の高騰に無策な政府を糾弾。これに対し、政府は14日夜、米騒動に関する一切の新聞報道を禁止した。寺内内閣の言論弾圧に抗議する記者大会が各地で開かれる中、県内でも17日に各紙の記者が集まり、内閣倒壊を決議。世論にあらがえず、ついに9月21日、寺内正毅内閣は退陣した。

富山から始まった米騒動は全国の民衆を内閣打倒へと立ち上がらせ、新聞も言論機関としてそれをリードした。しかし、治安維持法の成立に象徴されるように、政府による言論弾圧はこの後、さらに厳しくなっていった。

●言論壓迫の反對

▲本縣下新聞記者團の蹶起

富山縣に於ける北陸タイムス、北陸政論、高岡新報、富山日報の記者は十七日午後一時富山ホテルに集會し這回現内閣の下したる言論壓迫の非立憲を憤慨し左の如き決議を發表せり

決議

現内閣の新聞紙取締は自家の無能を新聞紙に轉嫁し事實を隠蔽して國民を愚にし國民をして益々不安の状態に陥らしめたり吾人は一刻も早く斯る暴戻なる内閣の倒壞を期す

「言論圧迫の反対　本県下新聞記者団の決起」
（『富山日報』大正7年8月18日）

▼内閣總辭職

▽首相閣員の辭表捧呈

寺内首相は本日午前九時卅分參内御座所に於て天皇陛下に拜謁仰付られ豫て取纒め置きたる閣員の辭表を捧呈し同十時五分退出せり

（號外再錄）

▼大命園侯に

▽下り侯謹みて拜受す

後繼内閣組織の大命は山縣、松方、大隈三元老より推薦したる西園寺侯に對し本日午前十時廿分降下し侯は謹て之を拜受せり

（號外再錄）

「内閣総辞職」
（『北陸タイムス』大正7年9月22日）

あとがき

米騒動から2018年で100年を迎えた。発端となった富山県内では、近代史に残る民衆運動を再評価する動きが多方面で起きた。本書は、その一端を記録したものだ。

富山の地元紙である北日本新聞にとっても、100年という節目は、改めて米騒動に光を当てるまたとない機会だった。とはいえ、1世紀の時を隔て、騒動に参加した当事者はおろか、目撃した人さえ、直接に取材することはかなわない。

「米騒動」と聞いて、何をイメージするか。「暴動」「女一揆」「民衆運動」…。年代によって、住む地域によって、人それぞれ違うだろう。どのような視点で、何を描くか。難しいテーマでもあった。

連載「米騒動100年　ひるまずたおやかに」は、米騒動という歴史上の出来事を多角的な切り口でとらえ、民主主義や地域の絆、貧困と格差といった現代の社会問題を絡めて描いた。歴史をテーマにした連載としては異色の内容となったが、米騒動を通じて、私たちが生きる今の社会のありようを考えるきっかけを示せたのではないかと思う。

滑川市立博物館では、7月28日から9月2日まで、企画展「米騒動100年　滑川から全国へ」が開催された。「米騒動再見　発生から100年」は、企画展に合わせて、担当学芸員と展示協力した研究者が本紙文化面に寄稿したリレー連載だ。県内最大規模となった滑川の騒動は、参加者の大半が会社員や学生ら中間層の男性だったことなど、さまざまな文献を基に、最新の知見が紹介された。キャンペーンとは異なる学術的な論考は、紙面に深みを与えていただいた。

また、フォーラム「女一揆　魂を揺さぶられた越中の男たち」は、地元の研究者やジャーナリストが米騒動の意味をひも解いた。米騒動を記録した大正のジャーナリストや政治学者を通して、時代背景や新聞が果たした役割、騒動の意義などが幅広く論じられた。

これらを一冊の本として合わせて読んでいただくことで、米騒動をより立体的に感じられるのではないかと期待する。

連載「米騒動100年　ひるまずたおやかに」は室利枝社会部次長をキャップに、高野由邦文化部次長、土居悠平政治部記者が担当した。書籍化に当たっては、「米騒動再見」を執筆した近藤浩二、能川泰治、藤野裕子、浦田正吉の各氏、またフォーラムに登壇した向井嘉之、金澤敏子、麻柄一志、河田稔の各氏に快く協力いただいた。改めて心からお礼申し上げたい。

2018年12月

北日本新聞社代表取締役社長　忠田　憲美

本書に登場する人物の年齢、肩書、住所、所属団体ならびにその名称は、執筆および新聞掲載当時のものです。

米騒動100年

2018年12月17日発行
編　者　北日本新聞社編集局
発行者　忠田　憲美
発行所　北日本新聞社
〒930-0094
富山市安住町2番14号
電　話　076(445)3352
FAX　076(445)3591
振替口座　00780-6-450

編集制作　北日本新聞開発センター
印刷所　山田写真製版所
表紙装丁　橋本　利久(Rikyu Design)

定価はカバーに表示しています。
ISBN978-4-86175-106-6